# 金融鹏程大讲堂

主 编◎邢毓静

中国金融出版社

责任编辑：张智慧　王雪珂
责任校对：孙　蕊
责任印制：张也男

### 图书在版编目（CIP）数据

金融鹏程大讲堂（Jinrong Pengcheng Dajiangtang）/邢毓静主编. —北京：中国金融出版社，2018.1

ISBN 978-7-5049-9363-2

Ⅰ.①金… Ⅱ.①邢… Ⅲ.①金融学—基本知识 Ⅳ.①F830

中国版本图书馆CIP数据核字（2017）第310077号

出版　中国金融出版社
发行
社址　北京市丰台区益泽路2号
市场开发部　（010）63266347，63805472，63439533（传真）
网上书店　http://www.chinafph.com
　　　　　（010）63286832，63365686（传真）
读者服务部　（010）66070833，62568380
邮编　100071
经销　新华书店
印刷　北京侨友印刷有限公司
尺寸　169毫米×239毫米
印张　23.75
字数　283千
版次　2018年1月第1版
印次　2018年1月第1次印刷
定价　98.00元
ISBN 978-7-5049-9363-2
如出现印装错误本社负责调换　联系电话（010）63263947

## 编委会 | Editorial Committee

主　编：邢毓静

副主编：张庆昉　杨智国　于松柏　曹协和　林　平
　　　　黄　富　冯子兴

成　员（按姓氏笔画排序）：
　　　　刘晓波　刘学成　刘川巍　孙春广　李立宪
　　　　吴　燕　邹　颖　张春光　张继军　钟　剑
　　　　饶俊英　程振华

# 序 言 PREFACE

当前，中国经济发展步入新常态，金融生态环境正经历深刻变革，全面深化改革进入"深水区"和"攻坚期"。同时，国际经济环境波诡云谲，频现的"黑天鹅"、"灰犀牛"事件，昭示着全球经济、金融体系正在激烈的动荡中寻求新的平衡。

深刻的社会变革挑战着我们对经济金融新形势的认知和把握，而身处"人人皆学、处处能学、时时可学"的"学习型社会"，也需要我们及时更新知识储备。为了在深圳金融学界搭建学习交流的平台，创造与国内外知名学者交流、对话的机会，中国人民银行深圳市中心支行、深圳经济特区金融学会联手精心打造"金融鹏程大讲堂"，于2016年11月4日正式开讲。

正是此日起，我与"金融鹏程大讲堂"结下不解之缘。作为"金融鹏程大讲堂"发起者与推动者、中国人民银行深圳市中心支行邢毓静行长的多年好友，我欣然受邀，成为第一期的演讲嘉宾，有幸见证了它的起航。首场大讲堂结束后，我依然热切关注着这个新生命的成长、壮大历程。一年多来，"金融鹏程大讲堂"秉持兼收并蓄、博采众长的理念，积跬步、勇前行，快速成长为深圳金融从业者交流思想、碰撞智慧、探索创新的高端学术平台。

百家争鸣，真知灼见。为"站在巨人的肩膀上"谋划深圳金融

**金融鹏程 大 讲 堂**

业发展之未来,"金融鹏程大讲堂"广邀国内外各领域的专家学者,为听者奉上一道道学术大餐。前来开堂授课的嘉宾,既有国内外的知名学者,也有深耕金融行业、金融科技行业的专家,还有在某领域有独到见解的新人新秀。他们高屋建瓴的精彩讲解,既有专业角度的思考,又不乏研究方法论的启发;他们深入浅出的独到分析,既敏锐捕捉了时代脉搏,又指点出观照当下经济金融形势的全新视角。

海纳百川,鼎新致远。除经济、金融议题外,大讲堂的主题还涉及国际外交战略、外太空天体运行、区块链技术等时下热点问题,内容丰富,精彩纷呈,广受好评。值得一提的是,大讲堂还专设青年专场和房地产金融专场,为年轻业务骨干打造了一方展示自我、脱颖而出的平台。

润物无声,凝心聚力。有赖于"金融鹏程大讲堂"的推出,深圳金融界人士不必远求,在家门口便能亲聆方家指点江山。而平均每月两期的高频率,更是不间断地为深圳的金融从业者带来了行业领域内最顶级的"头脑风暴"。可以说,大讲堂以开放的姿态、包容的理念,倾心服务于广大金融从业者,促进了各方交流,提高了深圳金融业的向心力和凝聚力。

不经砥砺,难见光华。时至今日,"金融鹏程大讲堂"已成功举办24期专题讲座,可谓硕果累累。为了让更多金融业人士能一窥"金融鹏程大讲堂"的面貌,弥补此前不能亲到演讲现场的遗憾,同时使交流碰撞出的思想火花得到更深层次的提炼和升华,中国人民银行深圳市中心支行联合深圳经济特区金融学会成立编委会,组织人员将演讲实录精心编辑整理,结集成册。成文的讲稿均由编审人员根据讲座现场录音进行多次整理,力求保留最原汁原味的演讲实录,以期为读者呈现严谨、高质量的学术大餐。

## 序　言

不忘初心，赓续前行。过去一年多的成绩足以印证"金融鹏程大讲堂"的魅力，彼时配套同步推出的"金融鹏程"公众号关注人数已超 10 万人，相信每一位听过讲座、读过实录的金融界同仁，都不会忘记它曾带来的连番惊喜。未来，我希望"金融鹏程大讲堂"秉承严谨的治学态度和问道求知的精神，继续以开放的胸襟和前瞻的视野，邀请更多境内外的行业专家与一线从业者对话，让更多人分享智慧的果实。

是为序。

马骏

中国人民银行研究局首席经济学家

2017 年 12 月

# 目 录 CONTENT

## 国际经济、杠杆率和绿色金融

...... 马骏（1）

发达经济体增长乏力，新兴市场预计反弹 ……………（5）

人口增长减速是抑制全球经济增长潜力的重要因素 ……（6）

中国微观杠杆率稳定，但宏观杠杆率持续向上 …………（9）

每年3万亿~4万亿元绿色投资，85%须靠社会资本 ……（11）

未来几年是绿色金融发展的大好时机 ……………………（13）

## 跨境资本流动与人民币汇率机制改革

...... 管涛（17）

价值规律与人民币汇率机制市场化 ………………………（21）

当前我国外汇市场已经进入多重均衡 ……………………（24）

新"不可能三角"与外汇政策选择 …………………………（30）

未来人民币汇率走势的三种前景 …………………………（43）

## "天眼"看地球——气象与气候经济时代的到来

...... 张兴嬴（49）

气象卫星知识科普与在我国发展情况 ……………………（53）

气象卫星与防灾减灾 ………………………………………（55）

气象卫星与气候变化 ………………………………………（60）

气象卫星与生态建设 ………………………………………（62）

金融鹏程

气象卫星与数据应用 …………………………………………（65）

## 数字货币与区块链技术：前景与挑战
………………………………………………………张伟（69）

货币数字化趋势 ………………………………………（73）
对数字货币的探索 ……………………………………（74）
比特币的优缺点 ………………………………………（75）
比特币的货币属性分析 ………………………………（77）
区块链技术应用前景及挑战 …………………………（78）

## 2016年人民银行青年论坛精彩实录 …………………（83）

拉开序幕：深圳中支领导致辞 ………………………（89）
渐入佳境：5项课题展示 ……………………………（90）
推向高潮：评委打分并颁奖 …………………………（102）
引向深入：评委会主席总结讲话 ……………………（106）

## 金融周期看经济
……………………………………………………彭文生（111）

西方经济史中的金融周期：当前问题是资产泡沫、金融不稳定和
贫富分化 ……………………………………………（115）
金融周期特征和作用机制：从数据看美欧日的金融周期 ………（117）
中国金融周期下行的宏观政策：紧信用、松货币、宽财政 ……（120）
中国经济面临"类滞涨"：供给制约、环境制约、通胀预期 …（122）
从金融周期看利率影响因素：人口、储蓄、投资和贫富分化 …（123）
未来中国经济改革方向：促进生育力回升、改革财税制度、
投资年轻经济体 ……………………………………（125）

# 目 录

## 美国宏观经济、政治形势及对中美关系的影响浅析
······················································· 黄小军（127）

美国宏观经济：复苏虽然缓慢，但重新进入衰退的可能性很小···（131）

特朗普时代：强势个人性格特征带来政策预期的不确定性 ······（133）

特朗普政策：减税、扩大基建投资、放松监管是三大核心 ······（134）

未来中美关系：存在诸多不确定性，但基调仍比较正面 ········（137）

美元汇率走势：人民币对美元汇率不存在中长期贬值基础 ······（139）

## 存量时代、流通为王——房地产市场新常态
······························· 杨现领、肖小平（141）

二手房市场发展迅速，主要集中于一线、二线城市 ············（145）

国内房地产市场存量规模庞大，盘活存量任重而道远 ··········（148）

房地产市场已进入存量时代，政策调控难度有所加大 ··········（150）

深圳新房市场置业者趋向年轻化，中大户型成交占比有所提升···（151）

深圳租房市场供应量持续增多，预计租金将低位运行 ··········（153）

## 2017年货币政策与宏观利率展望
······················································· 明明（155）

当前国内宏观经济方面，上中下游市场的表现差异较大 ········（159）

关于CPI的预测与通胀水平的判断 ···························（161）

出口增长压力较大，消费表现低迷 ···························（163）

近期债券市场上值得关注的问题与风险 ·······················（164）

## 加速发展的金融科技
······················································· 计葵生（171）

推动金融科技改变的因素 ···································（175）

  这些技术何时会对实体经济产生影响 …………………………（178）
  陆金所的业务模式——开放平台，匹配资源与投资者 ………（181）
  全球都在推动金融科技的监管 …………………………………（183）
  成功的创造及创新来源于诸多尝试 ……………………………（184）

## 房地产金融专场精彩实录 ……………………………………………（187）
  颁奖环节 …………………………………………………………（191）
  展示环节 …………………………………………………………（194）

## 情怀与格局——PPP 的价值认知、理念认同与精准操作
………………………………………………………………王天义（201）
  PPP 的基本概念——基于世界看中国 …………………………（205）
  PPP 的价值认知——基于本色谈特色 …………………………（207）
  PPP 的理念认同——基于理想谈现实 …………………………（209）
  PPP 的精准操作——基于情理谈法理 …………………………（210）

## 从当前经济特征看资产配置
……………………………………………………………李迅雷（215）
  全球经济弱复苏与中国经济的投资依赖症 ……………………（219）
  资产泡沫与家庭资产配置结构扭曲的现象 ……………………（223）
  把握 2017 年政策机会——稳中求进下的底线思维 …………（225）
  资产配置——看好大消费与国际定价投资品 …………………（226）

## 金融科技与资产证券化
………………………………………………………………林华（231）
  资产证券化解析 …………………………………………………（236）

金融科技与资产证券化 …………………………………………（245）
　　Fintech与资产证券化的引申思考 ………………………………（246）
　　中国资产证券化市场发展的现状和方向 ………………………（246）

## "一带一路"下的中国资本市场发展与海外投资战略
………………………………………………………………祁斌（249）
　　分析国际国内形势 ………………………………………………（253）
　　社会需求增长和升级不可阻挡，供给侧改革迫在眉睫 ………（254）
　　海外投资与"一带一路" …………………………………………（256）

## 普惠金融的新技术支点
………………………………………………………………程立（261）
　　大规模分布式金融交易技术 ……………………………………（265）
　　金融级分布式数据库（OB） ……………………………………（269）
　　金融级大数据计算 ………………………………………………（271）
　　金融级机器智能（AI） …………………………………………（273）
　　蚂蚁技术的开放——蚂蚁金融云 ………………………………（275）

## 市场机制、微观主体信用与国家治理
………………………………………………………………徐忠（277）
　　金融乱象与准政府信用 …………………………………………（281）
　　微观主体存在公司治理缺陷 ……………………………………（283）
　　金融市场需要有序出清 …………………………………………（284）
　　市场机制与政府目标 ……………………………………………（285）

## IMF 宏观经济分析框架——金融规划与政策（FPP）
................................................谭海鸣（289）

 IMF 拥有一整套生成宏观经济数据的方法 ................（293）
 IMF 宏观经济分析框架的目的 ................（293）
 IMF 宏观经济分析框架核心架构简介 ................（295）
 IMF 对全球主要经济指标预测的流程和方法 ................（297）
 IMF 的另一项重要成果：模板 ................（299）
 IMF 政策修正的主要方法：一致性检验 ................（300）

## 朝鲜半岛局势与中美关系
................................................何帆（303）

 朝核问题的缘起 ................（307）
 历次"朝核"六方会谈 ................（307）
 国际各方对朝核问题的态度 ................（308）
 朝鲜半岛局势预判 ................（309）
 中美关系 ................（310）
 "惟仁者能以大事小，惟智者能以小事大" ................（311）

## 人民币汇率：机制嬗变与未来走向
................................................张明（313）

 人民币汇率形成机制的变革 ................（317）
 8·11 汇改以来人民币汇率形成机制的变化 ................（318）
 对当前汇率机制的一些疑问 ................（320）
 如何预测未来的汇率走势？ ................（321）
 几点建议 ................（325）

# 目 录

## 从经济学视角看中国金融科技领域的竞争格局
孙明春（327）

- 金融科技的五大类参与主体 ……………………………（331）
- 以经济学理论三个分支进行分析 ………………………（332）
- 以网络经济学理论剖析金融科技竞争格局 ……………（333）
- 传统金融机构应该如何应对？ …………………………（337）
- 未来格局的判断与预测 …………………………………（337）

## 绿色投资国际发展态势与实例
刘笑梦（341）

- 国际绿色金融发展态势 …………………………………（345）
- 以东方汇理资产管理为代表的欧洲投资者所持有的绿色投资理念 ……………………………………………（346）
- 建立致力于能源转型的新型资产管理公司——AET …（348）
- 与 IFC 共同发起的新兴市场绿色债券产品 ……………（349）
- 为 MSCI 开发的低碳指数基金 …………………………（351）

## 利率曲线和定价 …………………… 孟小宁（353）

- 什么是固定收益产品 ……………………………………（357）
- 固定收益产品的利率曲线和定价 ………………………（358）
- 利率曲线的构成及其形态的影响因素 …………………（359）
- 到期收益率 ………………………………………………（361）
- 久期 ………………………………………………………（362）

国际经济、杠杆率和绿色金融

**马骏**，现任中国人民银行研究局首席经济学家、中国金融学会绿色金融专业委员会主任。2000—2014年初在德意志银行任职，曾担任德意志银行大中华区首席经济学家、首席投资策略师、董事总经理。1992—2000年在世界银行和国际货币基金组织工作，曾任经济学家和高级经济学家。1988—1990年为中国国务院发展研究中心研究人员。

马骏于1994年在美国乔治城大学获经济学博士学位，1988年在复旦大学获管理学硕士学位。研究领域包括宏观经济、货币与汇率、金融市场、环境经济等。发表了数百篇文章和11本著作。近年来发表的著作包括《中国国家资产负债表研究》《人民币走出国门之路》《PM2.5减排的经济政策》《构建中国绿色金融体系》《新货币政策框架下的利率传导机制》等。

马骏曾连续4年被国际投资界权威的《机构投资者》杂志评为亚洲经济学家第一名，五次被该杂志评为中国分析师第一名。兼任G20绿色金融研究小组共同主席、中国金融40人论坛成员、国际世界经济论坛国际货币体系议程委员会委员、国际金融论坛理事、复旦大学客座教授与博导。曾任香港中国金融协会副主席。

## 【编者按】

2016年11月4日上午,中国人民银行深圳市中心支行系列讲座"金融鹏程大讲堂"开讲。首期,邀请了中国人民银行研究局首席经济学家马骏博士在中支行内作题为"国际经济、杠杆率和绿色金融"的专题讲座。

## 【核心摘要】

2017年,受益于大宗商品价格上升,除中国以外的新兴市场国家经济预期将反弹。但发达国家可能长期增长低迷。人口因素是抑制许多国家经济增长潜力的主要原因,此外,收入和财富两极分化、杠杆率高企、环境污染成本等也是负面影响全球经济的因素。

我国微观杠杆率基本保持稳定,但同时宏观杠杆率却持续上升。宏观与微观杠杆率背离,一方面说明资产回报率在不断下降,经济体对未来债务偿付能力持续下降;另一方面表明经济体面临资产泡沫破裂,而导致微观杠杆率急升的风险。微观杠杆率指标具有误导性。

中国未来每年需要3万亿~4万亿元投资于节能环保、绿色建筑等领域,大部分需要民间出资。因此,我们要构建绿色的金融体系,利用各种金融工具和激励机制,动员和激励更多的社会资源进入到绿色行业。

今天我准备的是三个题目，国际经济、杠杆率和绿色金融。国际经济形势涉及对我国明年经济形势的判断；杠杆率问题则比较敏感，涉及宏观调控、金融稳定等；"绿色金融"的话题是非常务实的，涉及怎样把更多的资金引导到绿色、环保、新能源、清洁交通等绿色产业中去。

## 发达经济体增长乏力，新兴市场预计反弹

先讲国际经济的问题。IMF上个月刚公布对全球明年经济预测：今年GDP全球增长速度3.1%，明年3.4%。不过IMF过去几年对下一年全球经济的预测都是高估的，所以不能排除下行风险。按照目前的预测，IMF认为美国经济还会向好，今年GDP增速是1.6%，明年是1.8%。欧元区比较稳定，在1.5%左右。IMF对中国的预测相对比较悲观，认为中国今年GDP增速为6.6%，明年要降到6.2%。

印度的增长表现是全球最好的，最近几年已经超过中国，未来许多年都可能继续高于中国。主要原因之一是人口因素。我国一个家庭平均生育1.4个小孩，印度为3.5个，可以想象今后印度将有多少年轻人进入市场，增长潜力非常大。英国由于脱欧影响，IMF认为其明年会下行得比较厉害，且以后几年会更厉害。

明年，估计除中国以外的许多新兴市场经济体会反弹，主要原因是大宗商品价格回升。今年石油价格最低的时候只有二十几美元一桶，现在反弹到五十美元左右，这对俄国、沙特、印度尼西亚等这些严重依赖于大宗商品的新兴市场国家是很大的刺激，所以他们的国际收支、财政情况都在改善并会继续改善。即便明年油价保持

五十美元不变，明年全年的平均油价也远远高于今年。

利率预测是国际资本市场最关注的一个问题，国际大投行和基金经理们最关心的问题就是美联储什么时候加息、加多少，欧元区、日本等国货币政策的走势等。过去几年，市场对美国联邦基金利率的预测在持续往下调整。几年前大家觉得一两年联邦基金利率就能到2%，后来预测曲线逐步下降，几个月前变成非常平坦的预测，预期几年之后才上到1%的水平。但最近几周美国的经济指数非常好，12月加息基本成为定局。最新的市场预测是明年加一到两次。美国官方（FOMC）预测未来终值在3%左右，从现在的0.5%到未来的3%，还有2.5%的增长空间。市场预期比这个远远来得悲观，许多人认为终值在2%左右，这是市场和美联储的重要分歧。如果FOMC的预测发生了，就表明加息的幅度和力度比市场预期来得快。如此，新兴市场国家资本外逃、汇率贬值可能比我们想象的更加严重。美联储加息不只是美国的事，更多的是新兴市场国家的事情，更多是涉及这些国家（包括我们）的汇率。

对欧元区、英国的货币政策或利率走势，市场预测都比较悲观，认为在可预见的未来不会有方向性的变化。更多可能发生调整的还是量宽的力度，包括现在讨论ECB明年3月份后会不会减少买债，但不预计会有加息的动作。

## 人口增长减速是抑制全球经济增长潜力的重要因素

刚才讲的是短中期大家比较关注的，像汇率、大宗商品、利率等问题。关于中长期全球经济增长，讨论比较多的一个题目叫"secular stagnation（长期经济停滞说）"。我比较倾向于赞同这个判断，支持这个判断有许多理由。

第一个理由是人口因素。从供给侧来研究经济的发展基本上是增长函数的问题。供给侧靠什么决定经济增长？劳动力、资本投入以及生产率，这三个要素组合起来就是微观经济学讲的产出。所有供给侧的改革都是关于这三个要素的使用及其效率的改革。如果劳动年龄人口增长不断下降，全球的经济增长会自然下降。现实情况是，全世界所有主要经济体劳动年龄人口增速都在下降，有些已经是负增长，如中国。

第二个是收入和财富分配的两极分化。根据瑞士信贷银行的财富报告，全球1%最富的人占有全球财富的50%，另外99%的人只占有一半。从收入分配不均的情况来讲，中国香港和巴西最严重，基尼系数在0.6以上，中国官方数字为0.45，但实际情况应该不止这个数，日本为0.3左右。收入和财富分配的恶化将导致全社会的消费倾向下降。穷人一般会将大部分收入用掉，消费倾向高；而富人怎么花也花不完，消费倾向很低。富人占有收入和财富比例过高，就会降低整个社会的消费倾向，从而负面影响经济增长。

第三个是教育问题。过去教育是推动生产率增长的最主要因素。以前，不发达国家的平均教育年限只有3~4年，中等发达国家增加至9~10年，这个过程会带来生产率的高速提高。但是，大学已经基本普及之后，平均教育水平再往上走的空间有限，生产率的上升速度也变得非常有限。

第四个是科技革命的作用。美国教授Robert Gordon研究发现，三次工业革命拉动生产率的变化不同，第二次工业革命的贡献度最高。以美国为例，第二次工业革命期间（1920—1970年），全要素生产率年均提高1.95%，而第三次工业革命（1970年至最近）期间，全要素生产率年均增幅仅为0.65%，远低于前两次工业革命带来的

金融鹏程

生产率增幅。

第五个是杠杆率问题。许多发达国家的政府债务占GDP比重非常高，如日本在200%多，美国在100%，一些欧洲国家也接近100%。政府债务高企最终会迫使政府加税和减少支出，对增长都是不利的。中国的问题，直观来看，目前还不是政府债务的问题，主要是企业债务过高的问题。但两者是会转化的。

第六个是环境问题。空气污染、水污染、土壤污染、气候变暖，表明全球的环境容量是有限的。许多传统的、污染型的、创造所谓GDP的经济活动不能再继续下去了。如果发展模式不变，就只能减少产量和降低经济增速。比如，我们现在一出现大雾霾，就要停工停产，这就是环境对增长制约的具体表现。

## 中国微观杠杆率稳定，但宏观杠杆率持续向上

现在讨论第二个题目，关于我国杠杆率的问题。目前争议较大的是宏观杠杆率与微观杠杆率背离的问题，使得一些人难以判断到底我们的杠杆率是过高还是正常。

宏观杠杆率一般用来衡量整个经济体的杠杆率情况。主要有这两个指标，一个是 M2/GDP 比例，一个是债务/GDP 比例。按 M2/GDP 来看，在 G20 国家里日本最高，达 250% 左右，中国排名第二位，2016 年接近 210%。过去几十年，美国的 M2/GDP 比重基本稳定在 70% 左右，中国则在持续快速往上升。从企业债务/GDP 来看，在 G20 国家中，中国企业杠杆率最高，上升幅度也最大。其他主要经济体的企业债务与 GDP 比重比较稳定。

微观杠杆率的典型指标是企业负债除以资产，也称为资产负债率。从工业企业的资产杠杆率来看，2006 年至今，我国微观杠杆率不算高且保持稳定，基本在 55%~60%。从上市公司（包括各类非工业企业）来看并做国际比较，我国微观杠杆率也没有特别高的问题。

我认为，宏观与微观杠杆率背离的原因有二，其一与资产回报率有关。在微观杠杆率保持稳定的情况下，解释宏观杠杆率不断上升的理由就是资产回报率的下降。这里资产回报率定义为单位资产所能创造的 GDP。在我国工业行业，单位资产所产生的增加值从 2006 年的 0.32 下降到 2014 年的 0.24，表明单位资产的偿债能力逐步弱化。也就是说，不能因为微观杠杆率稳定而过度乐观：即使微观杠杆率稳定，但由于单位资产的偿债能力在下降，同样会面对更大的风险。

金融鹏程  大讲堂

其二跟资产价格涨幅过快有关。在微观杠杆率不变的情况下，只要资产价格的涨幅明显高于GDP平减指数的涨幅，就会导致宏观杠杆率的大幅上升。事实确实如此，在过去十二年内，我国可比房价的年均涨幅比GDP平减指数的涨幅高出近10个百分点。这个导致微观杠杆率不高的原因也是令人担忧的：由于资产价格快速上升暂时支持了稳定的资产负债率，但却隐含一旦资产泡沫破裂而导致微观杠杆率突然攀升的风险。

因此，我倾向于关注宏观杠杆率（存量与流量之比）。因为这个比例基本上反映了一个经济体的流动性偿付能力；而微观杠杆率（负债存量与资产存量之比）作为偿付能力的一个指标，它不能准确反映偿付能力，而且在发生经济危机的情况下往往会由于资产价格大跌而突然上升。换句话说，仅靠资产负债率（微观杠杆率）来判断一国杠杆率是否过高是十分具有误导性的。

# 每年3万亿~4万亿元绿色投资，85%须靠社会资本

现在进入第三个话题，关于绿色金融。北大陈玉宇教授和李宏彬教授是卫生经济学的专家，他们做了严谨的定量分析，把淮河以北、淮河以南的居民寿命跟空气质量和其他经济变量做各种回归分析。得出结论是，淮河以北的居民因为燃煤产生的空气污染导致人均寿命缩短5.5年。

除空气污染外，我们还有非常严重的水和土壤污染。根据环保部公布的数字，我国水质污染超标水源占75%，全国耕种土地面积的19%以上污染超标。2004年统计局算出，环境污染退化成本占当年GDP的3.05%。亚行和清华大学在2013年研究报告算出，仅空气污染造成的经济损失达到当年GDP的3.8%，还不包括其他污染带来的成本。

刚才讲的都是看得见摸得着的成本，还有一个非常值得关注的问题是气候变化。按目前的碳排放和气候变暖的速度，科学家们预测，如果不采取措施，到2060年，全球大部分地方会出现严重干旱、粮食减产、自然灾害频率明显上升、大量物种灭绝、海平面上升、许多沿海地区被淹没。

到底该如何应对如此严峻的环境挑战？对这个问题，至少有两种观点。一种观点是末端治理论，多是搞环境科学和化学家们的观点。他们认为，污染问题的症结是没有对排放出来的污染物进行有效治理，比如上脱硫脱硝和治理污水设施。这种观点有相当的道理。但是，我认为，第二种观点，即"环境污染是一个经济学的'激励机制'

金融鹏程

问题",应该得到更多的重视。我们要问一下,为什么有那么多的企业投资于污染性的项目?为什么他们不投资于绿色、清洁的项目?如果他们能少投资于污染性项目,那么不就不需要花那么大力气在污染之后进行"末端治理"了吗?这有点像卫生领域"治疗和预防"的关系,如果能够采取好的预防措施,让人少生病,就可以大幅度减少得病的痛苦和治病的费用。

具体来说,我们过去的经济体制和机制,激励了太多资金投入到了污染性的产业。比如,我国重工业占GDP的比重是主要国家中最高的,而给定单位增加值,重工业产生的空气污染是服务业的九倍。我国能源结构中,煤炭占比67%,清洁能源13%,仅为发达国家的四分之一到三分之一。给定同样当量,燃煤产量的空气污染是清洁能源的十倍。第三个是交通运输结构。我国城市中地铁出行只占7%,93%出行靠汽车。而在发达国家,地铁出行高达70%。给定同样运输量,公里出行所产生的空气污染是地铁的10倍。

为什么会出现这些问题?主要是过去污染性的行业,如重工业、煤炭和公路,它们比较赚钱。为什么资金没有进入绿色产业呢?因为绿色产业不太赚钱,融资也比较困难。所以未来要解决的问题就是让绿色产业对资本更有吸引力,让更多的社会资本进入绿色产业,减少对污染性产业的投资。

我们估算了一下,中国未来每年需要3万亿到4万亿元,投资于节能、环保、清洁能源、清洁交通、绿色建筑等领域,预计政府出资只能占10%~15%,其余的85%~90%需要民间出资。因此,我们要构建绿色的金融体系,用各种金融工具和手段来动员和激励更多的社会资源进入绿色行业。

## 未来几年是绿色金融发展的大好时机

绿色金融体系应达到什么目标？我想至少有三个：一是提高绿色项目的投资回报率与融资可获得性，让更多的社会资金愿意进入；二是降低污染性项目的投资回报率和可获得性；三是强化企业和消费者的绿色偏好。

最近，人民银行等七部委联合发布了《关于构建绿色金融体系的指导意见》，提出了35条推动我国绿色金融发展的具体措施，中央要求相关部委、地区和金融机构要强化落实。各地和金融机构的积极性都很高，国开行、工行和农行都在内部形成了推动绿色金融发展的操作方案。下面我对35条中的部分内容做一解读。

第一是设立绿色发展基金，主要提供对绿色项目的股权融资。国家层面要设立绿色发展基金。已经有十几个省区推出了自己的绿色发展基金，更多的省市正在规划。这些基金有点像英国的绿色投资银行，可以用有限的政府资金撬动几倍、十几倍的社会资本。

第二是用贴息来支持绿色信贷。贴3%的利息，就可能撬动整个本金，是高效利用政府资源的另一种做法。可以借鉴德国经验，试点财政部门将绿色贷款的贴息管理权下放至绿色银行或绿色金融事业部的做法。

第三是建立专业化的绿色担保机制。可成立专业性的绿色担保机构，或委托专业担保机构对绿色项目进行担保，以有效降低绿色项目的融资成本。国内已经有不少成功案例。

第四是用再贷款来支持绿色金融。这一点是中国的创新，其他国家还没有用过这个工具。我们这里讲的再贷款支持绿色金融不一定是狭义的再贷款，即央行向金融机构提供1年期以下的低成本资金支持银行的绿色信贷。也可以考虑央行提供低成本资金支持商业银行购买绿色资产，也可以探索央行向商业银行提供PSL支持中长期绿色项目。

第五是鼓励银行开展环境压力测试。模型量化的压力测试可演化成银行内部的定价转移指导——用对污染行业贷款征收较高的利息，来补贴绿色行业的贷款。工商银行已经开发了这样一套压力测试的方法，通过测试发现对污染性行业的贷款会在未来出现较高的违约率，因此需要降低这些贷款的内部评级，提高其利率来覆盖风险溢价。通过这种压力测试，不需要财政出一分钱就可以创造出类似于"对污染行业征税、补贴绿色产业"的机制，这是解决环境外部性内生化的一种创新。

第六是发展绿色债券市场。银行面临着负债期限短的问题，无法对绿色产业提供足够的中长期贷款。发展绿色债券市场，可以解决中长期绿色项目（如污水处理、固废处理、清洁能源、地铁轻轨等）

融资难融资贵的问题。中国今年已经成为全球最大的绿色债券市场，但发展潜力仍然巨大。

第七是发展绿色股票指数及相关产品。绿色股票指数和相关产品是引导资本市场投资于绿色企业的重要工具。欧洲有20%的ETF是绿色的。中国现在有19只绿色股票指数，只占全部股票指数的2%，未来还有很大发展空间。

第八是建立强制性绿色保险制度。主要指环境责任保险。中国每年有几百起的突发性环境事件，多数事故的结果是责任主体倒闭或选择跑路，没有人来支付环境修复成本。未来在环境高风险领域，如采矿、冶炼、化工、皮革、危险品运输、危险品储藏等，必须建立强制性环境责任保险制度。

第九是强制要求上市公司披露环境信息。有了环境信息披露（如碳和污染物排放量的数据），资本市场才能识别企业是否为绿色的，才能把更多的资源配置到绿色企业中去。全世界有20多个证券交易所要求企业披露信息，我国目前只有20%多的中国上市公司披露环境信息，主要原因在于缺乏强制性。未来要分步骤建立强制性上市公司披露环境信息的制度，可以从主要排放企业开始，逐步扩大到其他企业。

最后谈一下国际合作。中国倡议发起并共同主持的G20绿色金融研究小组，提出了发展绿色金融的7个倡议，写入了G20杭州峰会的公报。在G20和巴黎协议的推动下，全球正在形成支持绿色金融发展的共识，中英、中法、中美等国的双边协议中也在不断出现共同推动绿色金融发展的内容。中国在这个共识形成的过程中体现了重要的领导力。

总之，在巴黎协议、G20共识的国际背景之下，既有中共中央、国务院在《生态文明体制改革总体方案》中关于发展绿色金融的战

金融鹏程

略指导以及七部委《关于构建绿色金融体系的指导意见》的具体部署,又有各地方和金融机构的积极响应,我预计未来几年我国绿色金融将持续快速发展。

录音整理　师丽霞

跨境资本流动与人民币汇率机制改革

**管涛**，中国金融四十人论坛高级研究员、学术委员；中国经济五十人论坛成员。

经济学博士，中国金融四十人论坛高级研究员暨学术委员，第三届中国经济五十人论坛成员，中国金融学会常务理事、国际金融学会理事、世界经济学会常务理事。

1992年武汉大学世界经济专业毕业后，加入国家外汇管理局，先后在政策研究和统计部门工作，历任综合司副司长，国际收支司副司长、司长。2015年7月正式离职，加入中国金融四十人论坛，任高级研究员。1998年获日本—国际货币基金组织—澳大利亚亚洲奖学金项目资助，赴澳大利亚国立大学学习，获发展经济学硕士学位。2001—2004年在北京师范大学学习，获经济学博士学位。长期从事货币可兑换、国际收支、汇率政策、国际资本流动等问题的研究，撰写了大量工作报告和学术论文，参加了1994年以来一系列重大外汇管理体制改革方案的设计。

## 【编者按】

2016年11月8日,"金融鹏程大讲堂"第2期顺利举办。"中国金融四十人论坛"高级研究员管涛博士作了题为《跨境资本流动与人民币汇率机制改革》的专题讲座。管涛博士从价值规律角度对人民币汇率机制市场化进行了阐述,判断当前我国外汇市场已经进入多重均衡,提出了外汇政策选择的"新不可能三角",并对未来人民币汇率前景作出了分析研判。

## 【核心摘要】

价值规律与人民币汇率机制市场化。价值规律的基本内容是"价值决定价格",表现形式是"价格围绕价值上下波动",这个规律只会迟到,不会缺席。用价值规律可以解释当前汇改所面临的挑战。首先,"价值决定价格"意味着市场汇率不可能偏离均衡汇率太远,"价格围绕价值上下波动"则意味着不能指望市场汇率稳定甚至固定在均衡合理水平上,要容忍市场汇率出现一定的波动;其次,均衡汇率是合理汇率水平的理论价值,并无市场公认的、统一的标准或模型;再次,均衡汇率不是计算出来的,而是从交易中市场试错试出来的。

当前我国外汇市场已进入多重均衡。亚洲金融危机发生后,学术界提出了三代货币危机模型,分别是基本面危机模型、多重均衡危机模型、道德风险模型。其中,第二代多重均衡模型有助于理解我们现在的汇率改革所面临的市场环境。这也是我们推进汇率改革包括外汇管理体制改革,包括人民币国际化必须面对的一个市场环境。多重均衡就意味着从给定的基本面(贸易仍然有大量的顺差,人民币仍然是高息货币)上看人民币没有贬值的基础,但由于市场情绪的波动,仍然使得资本既可能是流入,也可能是流出,人民币既可能是升值也可能是贬值。要达到人民币汇率稳定的目的,就必

金融鹏程 **大·讲·堂**

须加强与市场沟通，注意市场预期的引导。

新"不可能三角"与外汇政策选择。新的"不可能三角"是指应对资本流动冲击的三大外汇政策工具：汇率、干预和管制。汇率负责价格出清，干预和管制负责数量出清，这三个目标不可能同时实现。我们不可能既不想用汇率，也不想用外汇储备，还要保持一个开放的形象，三个工具至少得用一个。关于我国现行外汇政策的选择：一是经济稳、金融稳是货币稳的关键；二是不要给三个工具贴上道德标签，没有绝对的好坏之分，关键是目标要早定，手段、工具和目标要匹配。

未来人民币汇率走势的三种前景。第一种是基准情形，如果能够对汇率的持续稳定保持足够的信心，市场力量不会再攻击汇率；第二种是，如果我们的经济向好，美元稍微再弱一些，人民币汇率可能会稳定，从中长期来看，中国的经济转型升级可以成功实现，那么经济强则货币强；第三种则是比较坏的情形，经济还在不断地寻底，或者大家对经济的底部还有不同的看法，且美元由于各种原因走强，则会对现行的汇率定价机制带来影响。

短期来看，由于基本面的变化带来的资本流出、汇率调整压力，实际上在8·11汇改以前，资本流动从大量的净流入转为净流出，已经反映了。因此提出三个判断：

第一，美国情况实际上没有那么好，美国的经济金融基本面不能支持美元快速加息，不能支持美元持续走强；中国情况也没有那么差，全球大部分国家的经济增长都是零增长或者1%~2%的增长，我们6%~7%的增长，不应当过于担心。第二，从资本流动的调整来看，我们负债端的调整基本上已经告一段落，而且现在境外机构也开始逐渐增加人民币资产配置，负债端压力已减缓。第三，资本外流将来是常态。但是，资本流出并不代表汇率贬值，现在炒作得很厉害的贬值压力，并不像大家想象得那么大。

今天借这个机会我想从四个方面给大家做一个汇报，谈谈自己的一些体会。第一个讲讲价值规律在外汇市场的表现形式。我们都说人民币汇率形成机制改革的方向是市场化，这是周行长在2月13日接受《财经周刊》专访的时候专门强调的一点。那么在汇率市场化的情况下，就要遵循一些基本的经济规律，其中一个重要的规律就是价值规律，那么价值规律在汇率方面是怎么表现的？第二个就是讲我们现在的外汇市场，不管我们接不接受、承不承认，我们现在的外汇市场都已经进入了多重均衡状态，这也是我们推进汇率改革包括外汇管理体制改革，包括人民币国际化必须面对的一个市场环境。第三个讲一讲现在应对资本流出的挑战，外汇政策工具组合，我把它发挥了一下，叫新的"不可能三角"，因为旧的"不可能三角"大家都很清楚，有一个"三元悖论"，这是讲宏观经济层面的。作为我们做外汇的来讲，有一个中观层面的"不可能三角"。最后，讲讲未来人民币汇率走势的三种前景。

## 价值规律与人民币汇率机制市场化

在汇率形成机制市场化的情况下，要遵循一些基本的经济规律，其中一个是价值规律。价值规律，简单地讲就是"价值决定价格，价格围绕价值上下波动"。这个规律只会迟到，不会缺席。

比方说，我们分析去年中国股市的快涨快跌，实际上说复杂很复杂，它有很多必然或者偶然的因素促发了市场的调整，但是根本上还是背后在流动性比较充裕的情况下，由于各种原因造成股市的过快上涨，背离了经济基本面，由于一些突发因素的影响，触发了这个调整，造成了股市的大涨大跌。

金融鹏程 **大 · 讲 · 堂**

　　我们也注意到，尽管很早相关部门就采取措施，对股市进行干预，但是由于当时干预的时候股指水平相对比较高，干预的效果并不是很明显。而且，由于一开始出手后干预的效果不明显，反而进一步挫伤了市场的信心，再加上我们现在股市又有一些加杠杆的特征，使得股市调整就比较快。在这种情况下，当股指调整充分以后，不是简单地由于相关部门救市，现在的股指才走上了"自我调整、自我修复"的道路。这是从去年的股市异动我们看到的。

　　那么对于外汇来讲，实际上也是一样的。现在用价值规律同样也可以解释当前我们人民币汇率改革所面临的挑战。所谓价值决定价格，就意味着市场汇率不可能背离均衡汇率太远。但是，我们想人为地把市场汇率稳定在均衡汇率水平上也是不可能的，市场汇率最终的表现形式仍然是要围绕均衡的汇率上下波动。

　　为什么是这样的呢？个人认为，均衡汇率是可意会不可言传的，是那种可能你事后才知道是不是均衡的，事前是你没办法准确预知的。大家都知道，现在官方一直强调，我们从一些实体经济基本面的指标来看，不论从贸易顺差、经济成长的前景来看，我们的汇率都是在均衡水平附近。但是官方可能也并没有什么可以为市场所认可的一个公式或者标准，来说服市场认可现在这样一个均衡的水平。而且我们从过去的实践来看，确确实实也注意到，均衡的水平可能是市场和政府事前都无法预知的。

　　比方说1994年的汇率并轨。当时的汇率并轨，我们从并轨前的官方汇率5.8，并到了并轨时的外汇调剂市场汇率8.7的水平。当时并轨有一个重要的背景是1993年经济过热，我们出现了历史上最后一次年度的贸易赤字，当时贸易赤字121亿美元，现在来讲可能都不屑一顾了，但当时对我们来讲是很大的数字，像一座大山压在我们头上。人民币汇率从1992年下半年开始在外汇调剂市场上从6块多逐渐贬到了8块多，在一些外汇调剂市场甚至人民币汇率达到了9块、10块。所以尽管在并轨的时候人民币汇率并到8.7，这个幅度相对是比较大的，但是实际上绝大部分人，包括可能有一些部门都认为要把人民币汇率稳定在那个水平是非常困难的。但实际的结果是，1994年汇改一年以后，我们人民币汇率不但稳定了，外汇储备还翻了一番。现在事后来看，当时那个汇率是被低估的，但当时市场上大部分人认为汇率还是高估的，人民币还是有调整的压力。但是，哪怕市场大部分人认为的、预期的人民币汇率高估，也不一定是准确的，这是一个例子。

第二次经验就是2005年的7·21汇改。大家都知道7·21汇改当天发布公告的时候，人民币对美元一次性调整了2.1%，从白天的8.2765调到了8.11的水平。当时在官方的解释里，有一个答记者问里面提到，这次改革的内容和特点是什么？它就解释了这2%的调整依据，即根据对汇率合理均衡水平的测算，然后升值了2%，这一调整幅度是主要是根据我们贸易顺差的程度和结构调整的需要来确定的，同时也考虑了国内企业进行结构调整的适应能力。那就意味着是不是当时有关部门也做了测算，汇率调整2%左右以后，至少可以有利于贸易顺差的收敛，改善国际收支失衡的状况。但实际的情况是，2005年汇改以后，不论是人民币的双边汇率还是多边汇率，到2014年底都升了30%~40%。所以说，实际上官方可能没有这样的一个优势来计算出均衡汇率水平。这个均衡汇率只能是在市场环境下，由市场试错的方式，通过交易找到这样的价格。

当然，如果说相关部门对汇率进行调控，只有当汇率调控的水平没有偏离均衡水平太远的情况下，调控才可能是成功的，否则调控就有可能失败。比方说布雷顿森林体系的时候，20世纪60年代，美元短缺变成了美元泛滥，出现了美元危机，最后逼得1971年黄金

和美元脱钩,1973年各国货币和美元脱钩,布雷顿森林体系正式瓦解。尽管那个时候美国经济规模世界第一、黄金储备世界第一,但是它也没有能力去维持一个偏离了均衡水平的汇率水平,而且那时候资本管制的程度还是比较高的,不像现在这么开放,在那种情况下它也没办法。所以这是我们在推进人民币汇率市场化改革过程中必须得理解的。

就是说我们要让人民币汇率保持在均衡合理水平上,但是我们不能指望把市场汇率稳定在这个水平上,甚至是固定在这个水平上,要容忍市场汇率出现一定的波动。

## 当前我国外汇市场已经进入多重均衡

在我们的外汇市场上,与汇率市场化程度相适应,已经呈现出逐步成熟的市场化状态，就是我们现在的外汇市场进入了多重均衡状态。

亚洲金融危机发生以后，学术界又对货币危机研究掀起了一拨新的高潮，当时提出三代货币危机模型。第一代模型叫基本面危机模型，像泰国为什么出现货币危机，一个重要的原因就是贸易赤字、财政赤字，资产泡沫破灭，经济基本面变坏了，因而货币被攻击，导致泰铢失守，所以是基本面恶化导致了泰国铢大幅贬值，酿成了东南亚货币危机，这是基本面的危机。

还有一种危机是多重均衡危机模型。有人研究过1992年的欧洲货币危机，欧洲货币危机很大程度上就是在一个给定的基本面情况下，当市场情绪突然发生波动，从好的情绪转到坏的情绪，有可能导致外汇市场出现坏的结果。亚洲金融危机也出现了同样的情况，有个别国家本身基本面比较脆弱，然后它发生了危机，还有一些国家则完全是由于周边国家的货币贬值，信心危机的传染所致。当泰铢失守以后，国际投资者对整个亚洲地区的投资环境进行了重新评估，在这种情况下有些货币受到了攻击，出现了调整的压力，这就是属于多重均衡的情况。

还有一种，比如克鲁德曼对亚洲货币危机还进行了进一步的研究，提出了第三代的货币危机模型，叫道德风险模型，指亚洲普遍存在裙带资本主义，汇率固定，政府隐性担保等问题，导致过度的对外借贷，埋下了危机的隐患。他讲的是第三代危机模型。我觉得其中第二代多重均衡模型对于我们理解现在我们的汇率改革面临的市场环境是有帮助的。

我跟大家分享一下2014年3月17日的汇改情形。当初的情况是，2014年初，人民币汇率出现了一轮快速的升值，市场上人民币对美元的价格曾经最高到了6.04，当时绝大部分市场人士认为，人民币要破6进入5时代。那个时候大家信奉的是购买力平价，按购买力平价计算人民币是4块多，这种情况下人民币6块多还存在一定程度的低估，所以认为人民币还是有升值潜力的。但2月以后，人民币汇率不但没有继续升值，反而出现了调整，3月17号央行宣布扩大人民币汇率浮动区间，从正负1%扩大到正负2%。通常的逻辑，当扩大汇率浮动区间以后，人民币会加速升值。当时我们宣布317汇改的时候，美方对此表示欢迎，他们想象的也是，人民币扩大浮动区间以后，人民币会升值更快。但实际的情况是，317汇改之后人民币汇率反向调整加速，到4月份人民币汇率调到6.27。也就是短短的两个月时间人民币贬了4%。到第二季度末第三季度的时候，人民币汇率重新稳定，我们发现人民币的单边升值一去不复返，人民币进入了双向浮动的时代，市场再也没有重现人民币单边升值的预期。

很多人讨论人民币从单边升值转向双向波动是不是因为非市场的力量导致的，可能有这个解释。实际上对于317汇改后果的理解不同，对于我们制定后期的人民币汇改方案的借鉴意义是不一样的。我的个人理解，很大程度上是从宏观和微观层面都已经积累了人民币汇率双向调整的力量。

首先，从宏观方面来讲，我们的经常项目顺差经历了2005年711汇改以后一轮快速的上升，到2007年最高达到GDP的10.98%，到这个水平以后，从2008年全球金融危机开始逐步回调，到2013年回落到了占GDP的1.9%。从理论上来讲，当经常项目差额占GDP的比重在正负4%以内，就意味着货币汇率水平是基本合理的。在这种情况下，从宏观层面、经济基本面显示汇率趋向合理，如果说人民币在前期经常项目顺差大的时候存在明显的低估，经历了一段时间的调整，到317汇改之前，应该说汇率已经趋向均衡合理，这在宏观上为人民币汇率双向波动创造了条件。

其次，从微观上，也陆续出现了很多人民币汇率调整的信号。第一个是什么呢？就是我们的资本流动对于国际收支、对于外汇储备的变动影响越来越大。刚才我们讲了，2014年初的时候人民币那一轮快速升值，2014年第一季度外汇储备增加了1258亿美元，但是仔细分析，我们的外汇储备里7%来自于经常项目顺差，93%来自于资本项目的顺差。那个时候很多企业最热衷做的交易是超短期的远期，因为超短期的远期人民币对美元还是贬值的，用超短期的远期做个两三天的远期，可以赚几个点的汇差。当外汇储备变化主要不是由经常项目驱动、而是由资本项目驱动的时候，从理论上告诉我们，现在人民币汇率已经不是一个单纯的商品供求关系决定的价格，而是更多具有资产价格的属性。资产价格相对于商品价格有一个很重要的不同，就是容易出现超调，即过度升值或过度贬值。所以我经常讲，实际上从2014年分析第一季度的国际收支状况就能够明显感觉到，市场进入了一种疯狂状态，有最后再赌一把人民币升值的兆头、人民币已经处于加速赶顶的状态。

还有一个可能大家不太注意的，我们观察到的，2013年下半年开始,在远期外汇市场上，人民币对美元已经从过去的升水转为贴水，也就是远期人民币对美元是贬值的，原来人民币对美元是升值的，但这个并不意味着当时已经出现人民币的贬值预期。而是根据利率平价理论，人民币是一个高息货币，所以应该是远期美元升水，人民币贴水。下半年人民币远期从升水变为贴水，很重要的一个信号是什么呢？就意味着过去由于汇率升值预期导致的人民币远期升值，已经随着升值预期的消退而变成了贬值，就是升值预期没有了。但是我们看即期市场上，人民币仍然有很大的升值压力，但远期市场上已经没有了汇率升值的预期。2013年全年，我们的外汇储备增加

金融鹏程 大讲堂

了 5 097 亿美元，显示外汇供大于求的状况是非常严重的，应该是历史上外汇储备增加最多的一年。但是我们看远期却已经发生了变化，而且刚才我们提到了，2014 年初人民币加速升值的时候，远期是人民币对美元贴水，是贬值的，已经没有了汇率升值的预期。所以我们观察到的是，尽管第二季度以后人民币汇率进入了一轮快速调整，第三季度人民币汇率又重新企稳，但是市场没有再回到人民币单边升值的预期。而且由于人民币从单边升值变成双向波动以后，导致了前期企业大量借入的美元贷款在 2014 年第二季度以后开始大量偿还。所以我们看到后面有一张表，实际上资本项目出现逆差是从 2014 年第二季度开始。过去我们长期是大量的贸易顺差，和资本大量流入的双顺差，但是从 2014 年第二季度开始，出现了持续的资本项目净流出。这个实际上就反映了，如果汇率从单边波动变成双向波动，确实是有效果的，这是我对 2014 年 3·17 汇改的理解。

从 3·17 汇改，我个人的体会，确确实实就像易纲副行长在 8 月 13 号记者招待会上讲的，我们搞市场化的汇率，就要相信市场，尊重市场、敬畏市场，顺应市场。我进一步发挥，就是意味着我们要用市场化的方式去培育市场，引导市场。我们不要把市场作为对手，而是要去理解它，用市场化的方式去引导它，以这个为依据不断地动态地对我们的政策进行评估、进行校准，让我们的政策效率能够发挥预期的效果。如果我们仍然认为市场是我们想让他往哪去就往哪去，甚至把市场作为对手，那可能就会有一些问题。这种情况下可能我们就要注意对市场预期的引导。

什么叫多重均衡？多重均衡就意味着在给定的基本面，就是贸易仍然有大量顺差，人民币仍然是高息货币的情况下，从基本面看好像人民币没有贬值的基础。但关键就是，在这种情况下，由于市场情绪的波动，它仍然使资本既可能是流入，也可能是流出，人民币既可能是升值的也可能是贬值的。如果想要人民币汇率稳定，那就得注意好好和市场沟通，引导好市场预期。

要推动汇率市场化，就应当和市场良好沟通。结合我过往的工作体会，与市场各方沟通，应当注意"五要五不要"，在这里同大家做一个分享。

在和市场沟通的"五要五不要"是什么呢？第一是"要说你知道的，不说你不知道的。否则不准确的回应可能影响政府部门公信力；第二是"要说你该说的，不要说你不该说的"。在美国，美联储官员参加会议从不谈汇率，因为汇率问题由美国财政部有权发表意见，其他部门不发表意见，这是我们要注意的，各部门应当各司其职，就职权范围内的事情发表意见。第三是"要说你能说的，不要说你不能说的"。第四"要讲对的，不要讲错的"。如果说一些外行的话，也是对信誉是很大的影响；最后"要说真话，不要说假话"。假话对市场公信力的影响伤害最大，往往要花相当长时间重新恢复。

8·11汇改以后，在市场沟通、预期引导方面，央行做了很多工作，而且是卓有成效的。但我们注意到沟通永远在路上，不可能做到尽善尽美，还有不断改进的过程。比方说现在的沟通可能面临着一些挑战。第一个，可能对于一个问题大家有不同的看法，你不知道用什么看法去沟通。对于货币政策，有的人说应进一步刺激，加大金融支持实体经济的力度，要继续帮助企业解决融资难、融资贵的问题。但另外的观点认为现在新的货币投放还是很多，还在加杠杆，因而货币政策应该紧一点，而不是稳健的货币政策。所以面对不同意见，难以决定用哪个去跟市场沟通。

另一个问题在于，市场沟通面临的受众不一样，需求不同，可能沟通过程中难以面面俱到。

第三个，就是任何政策选择都是有利有弊的。在这种情况下，

这么做,可能另外一种观点会批评,指出应该那么做,那么做带来的好处就是这么做的成本;反过来,如果那么做了,又会有相反的批评意见,认为那么做有很多坏处,等等。所以现在往往造成不管政府怎么做都会被批评,在这样的情况下很大程度考验政府的政策定力。有人讲宏观调控已经不是商业周期或者是金融周期驱动的,是舆论周期驱动的,所以对于政府来讲,现在因为资讯非常发达,与市场沟通的挑战也是越来越大。

再有一个,现在提高政策数据的透明度本身也是有成本的。比方说8·11汇改以后,逐步确定了新的汇率中间价的定价机制,现在的中间价是由前一天的收盘价和篮子货币的汇率走势共同决定的,它的好处是提高了汇率中间价形成的透明度,但它也有成本,就是在某些特定的情形下,提前告诉了市场汇率调控的方向,给市场调控带来新的困扰。

## 新"不可能三角"与外汇政策选择

这里想跟大家分享一下我对当前外汇政策选择的一些看法。

我的"新不可能三角"提法相对于是旧的"不可能三角"。旧的不可能三角讲的就是宏观经济政策的应对、政策组合的"三元悖论",即货币政策独立,资本自由流动和汇率稳定,不可能三个目标同时实现,只能三者取其二。

可能大家注意到最近有一条消息报道,说是我讲的,"外汇局前官员:稳增长优先于稳汇率"。好像就是暗示我建议政府不要管汇率了,让汇率爱贬就贬,实际上我讲的不是这个意思。我讲的是什么呢?在这三个目标里头,货币政策面临稳增长和稳汇率冲突的时候,是稳增长优先。这不是我发明创造的,这是小川行长在 2 月 26 号参加二十国集团会议的时候,在记者招待会上提出的。中国是一个大国,大国的货币政策主要是基于国内经济的考虑,不会过度考虑外部经济和资本流动的情况。所以说,当大家纠结于外汇储备下降,外汇占款减少,央行货币政策被束缚了手脚,那个时候,在 2 月 26 号会上小川行长讲到,我们的货币政策的立场是稳健略偏宽松。所以 3 月 1 号,央行再次降准。表明了大国的货币政策选择稳增长优先。实际上在亚洲金融危机的时候,货币政策同样面临保增长和保汇率的冲突,那个时候也是非常明确的,我们实行积极的货币政策,配合积极的财政政策,来应对这个冲击。

前面说到的记者取的那个标题是断章取义,不是我的本意。一方面,我讲的是货币政策面临冲突的时候,货币政策应当考虑稳增长优先。另一方面,我并没有说不要稳汇率,稳汇率实际上就交给了外汇管理,资本流动的管理。

刚才讲的是旧的不可能三角,关于新的不可能三角,我稍微演化了一点,就是我们对于外汇管理来讲,应对资本流入流出的冲击,无外乎就是三个工具:一个是汇率,另一个是干预,再一个是管制。汇率负责价格出清,当外汇供大于求资本流入的时候,人民币应该升值,反过来人民币应该贬值。外汇市场干预和资本流动管理则属于数量工具。当外汇供大于求时,外汇储备增加,反过来则外汇储备减少;当资本流入压力大的时候扩大流出,限制流入,反过来就是鼓励流入,限制流出。我们不可能既不想用汇率,也不想用外汇储备,还要保持一个开放的形象。就是说三个工具至少得用一个,不可能三个目标同一时间实现。既要,又要,还要,这是不可能。

上次亚洲危机的时候我们怎么应对的呢?当时我们没有用汇率工具。因为 1998 年初,朱镕基总理在两会记者招待会上对外宣布人

金融鹏程

民币不贬值,危机期间我们把人民币汇率稳定在8.28左右的水平。一直到危机结束以后,2005年721汇改之前,汇率没有动。第二个是外汇干预,那时候有个情况就是,1997年7月香港回归,不久却发生东南亚货币危机,然后演变成席卷全球的亚洲金融危机。当时政府判断我们的1 400亿外汇储备,不但要保内地金融安全还要保香港金融稳定。所以在那个时候,政府并没有想过通过消耗外汇储备的方式来维持汇率稳定。实际上1998年到2000年,外汇储备不但没有降还增加了257亿美元。我们当时用的是第三个工具——资本管制。一方面我们打击出口逃汇,要求企业限期把外汇调回境内;另一方面打击进口骗购外汇。1996年底,我们实现经常项目可兑换以后,企业进口用汇可以直接凭商业单证,拿海关的报关单到银行柜台去购买。结果有些企业就用假报关单去购汇,但银行只负责表面真实性审核,没办法知道报关单是真的还是假的。所以假报关单盛行,造成我们1998年上半年贸易虽然是大量顺差,贸易结售汇却是逆差,我们在外汇上专业术语叫贸易顺差逆收,当年下半年开展了全国范围内打击出口逃汇进口骗汇的专项检查。与此同时,我们组织力量开发了一个进出口报关单联网核查系统,就是海关、外汇局、银行三家联网。企业去银行购汇的时候,银行刷IC卡就知道你在海关有没有报关记录,凭报关记录办理付汇,付汇记录到外汇局系统中,并进行进口付汇核销。这些从技术上堵住了骗购外汇的漏洞。当时资本项下的开放程度比现在还低,基本上除了一些国家的援助项目外,不允许购汇对外投资;购汇提前偿还外债也受到限制,所以当时对资本项下是严格控制用汇。与此同时加大了执法力度,严厉打击利用虚假报关单骗购外汇。总之,1998年,我们没有动汇率工具,也没有用外汇储备,主要用的外汇管制这个工具。当年一些外国央行,特别是东南亚的央行非常认可我们的决策,认为保留外汇管制工具,增强了抵御冲击的能力。

这次我们是三个工具一起用,跟那次不太一样,因为我们的环境发生了变化。第一个变化,现在人民币汇率仍然要保持基本稳定,但不是稳定在一个点上,是参考一篮子货币调节,对一篮子货币保持基本稳定,所以现在人民币汇率仍然是有限的双向浮动。第二个变化是外汇市场干预,这一次消耗外汇储备来支持汇率稳定是重要的工具。因为这里有一个基本的判断,中国外汇储备太多也是负担,3万亿、4万亿太多了,而且在2014年以前中国政府一直在积极创新外汇储备用途。正是基于这种外汇储备充足性的判断不同,我们在这次应对资本流出冲击过程中,用的工具跟上次是不一样的。抛售外汇储备支持汇率稳定是一个重要的工具。甚至在8·11汇改之前,是主要的工具。2014年7月开始,外汇储备就由升转降。6月外汇储备是3.99万亿美元,但从7月开始外汇储备出现下降,刚开始外汇储备的下降主要是由于美元升值引起的,回来逐渐就是由于外汇市场供不应求,缺口越来越大,导致外汇储备真实的减少。我记得2014年6月外汇储备达到3.99万亿美元的时候,大部分人都预期第三季度外汇储备会突破4万亿。结果9月末外汇储备反而减少了1 030亿美元。这个时期的外汇储备减少并不意味着我们的资本流出大规模增加,主要原因是因为2014年第三季度,美元指数一个季度内升值7.8%,非美元币种折成美元少了,造成外汇储备出现了一定的估值损失。实际上我们当期的外汇储备减少了4.3亿美元,有1 000多亿都是美元升值带来的估值影响。但是,后面这些情况逐渐发生了变化,央行干预外汇市场是外汇储备减少的主要原因。从2015年8·11汇改以后到今年9月底,外汇储备的降幅占过去这两年多时间总降幅的59%,这是第二个工具。

第三个工具——资本流动管理,也是三管齐下,但是跟上一次也不太一样。因为我们现在市场化程度已经很高，资本账户开放、人民币国际化的程度跟20年前相比有很大提高。根据新的市场环境，我们采取的政策，尽管还是资本流动管理，但跟以往不一样，一方面我们不是纯粹的堵，还有疏导的措施，我们更多是通过推动国内金融市场的开放，鼓励流入放宽结汇限制来对冲资本流出的影响，这是一个。还有一个我们对资本流出的管理也尝试引进一些宏观审慎的措施，比方说我们对远期购汇采取了20%外汇风险准备的这个措施，对人民币购售业务提高了在境内平盘的手续费，用价格手段来调节跨境资金流动，这就是所谓的宏观审慎管理。第三个方面的手段，就是要求银行加强柜台业务的跨境外汇和人民币收付的真实性审核。

具体来讲为什么用这三个工具？官方强调人民币不存在持续贬值的基础，短期为什么要保持汇率基本稳定？根据我自己的理解来分析为什么这三个工具这样组合，可能有这几方面的原因。

第一，目前可能没有无痛的解决方案。无论是稳定、渐进性的调整还是一次性的调整，或者是干脆不管，自由浮动，都是有利有弊的。这些利弊事前没法准确预判，特别是经历了8·11汇改以后，大家发现很多历史经验是不可以简单复制的。我认为1994年汇改以后到8·11汇改之前，20多年时间里我们的汇率形成机制改革是很成功的，进退自如，得心应手。但是我们发现经历了2015年年中金融市场的震荡以后，情况发生了很大变化，不一定以前这么做是成功的，以后那样也是成功的。还有一个，任何政策选择都是有利有弊的。对于政府来讲，做任何政策选择的时候都是排他性的，选择了汇率稳定，就放弃了其他三种选择可能带来的好处，这是目前汇率稳定的机会成本。如果选择别的政策，另外三项选择就会成为别的政策的机会成本，决策同样会被批评。

第二，汇率问题可能是中国经济问题的一部分，但一定不是它的全部，也很可能不是它的主要原因，当然有个别学者认为中国所有的问题是来自于汇率，这是极端的观点，我不太相信这个观点是成立的。

有很多人讲俄罗斯的例子，俄罗斯2014年汇率自由浮动以后，为经济政策调整打开了空间。但我们要看看，2014年俄罗斯卢布贬值，它的原因是什么？第一个是经济不好，第二油价下跌，第三是西方制裁。2015年情况如何？经济继续不好，油价继续下跌，西方仍然在制裁，货币继续贬。2016年有所好转，原因什么？是大宗商品价格反弹，油价从30回到40~50，经济调整了几年后有触底企稳的迹象，再一个西方在中东地区的干预需要俄方的支持，特别是欧盟主动和俄方改善外交关系，这些原因才导致今年卢布汇率开始企稳。不是说动一个汇率，这些问题都解决了。特别对于中国来讲，目前的改革面临很多不确定性，如果所有问题都不确定的话，解决问题就很困难。从理性角度考虑，政府选择比较可控的目标，把它定下来，实际上可能就会为其他的政策调整争取时间，我是这么理解的。

第三，现在汇率变动金融影响会大于经济影响，心理冲击大于实质冲击。为什么这么讲？就是说现在希望汇率调整带来的好处可能短期内很难看到，比如通过汇率调整想刺激出口，但中国出口的主要问题不是竞争力的问题，而是国际市场需求。过去一年多时间人民币汇率已经有一定幅度的调整，但我们还没有看到明显的迹象表明对出口有改善作用。10月出口以美元计价同比又下降7.3%，我们尚未看到对出口有明显的改善作用。当然，会有人讲如果人民币不贬值可能出口会更加困难，但是至少不能得出很有信心的结论说，贬值对出口有好处。我们反而担心如果大幅度贬值，有可能会招致货币战争的指责，招致更多的贸易报复。现在我们的国际压力比较小，金融鹏程

很重要的原因是我们通过参考一篮子货币调节，增加了汇率波动的透明度，这使得我们在金融外交上争取了一定的主动。但是我们要担心一个问题，如果人民币汇率短期波动，有可能会推动市场加速境外资产的配置。中国经济存在一些问题，但是为什么我们不会因为经济金融的脆弱性演变成危机，一个很重要的原因就是我们储蓄率高，大部分资产是人民币资产，银行的流动性好，所以政府有时间、有资源慢慢解决我们现在面临的问题。如果短期内突然大量人民币资产逃向外币资产，我想改革调整的节奏就会被打乱，可能很多问题都会暴露出来。不管我们承不承认，接不接受，不仅是中国把人民币对美元的汇率视作一个信心锚，实际上在世界范围内，很长时间都习惯了人民币对美元汇率保持基本稳定。所以，有人讲人民币汇率和美元利率是世界经济的"两块压舱石"。如果这两个东西都不稳定的话，可能世界经济要进行新一轮的调整了。特别是考虑到中国是一个大国经济，你的任何政策的变化都有比较大的溢出影响。

还有一个，我们要通过保持汇率基本稳定来强化我们的货币纪律。我们看一下历史，当一些新兴市场发展中国家爆发危机以后，国际货币基金组织对这些国家进行救助，其中有一个重要的计划就是固定汇率安排，搞货币发行联系汇率制度，为什么？就是想让危机国家的货币盯住一个强势货币，帮助危机国家建立货币纪律，来反通胀，来防止财政赤字向央行透支。中国可能不存在通胀的问题，但过去一段时间货币发行比较多，有资产泡沫的风险，杠杆率比较高，去杠杠，抑制资产泡沫风险，这就要求货币政策有一定的节制，有一定的纪律，保持汇率基本稳定可能可以起到强化货币纪律的作用。

而且我们不能想象的是，我们现在已经是中等收入国家，人均8 000美元，我们还要指望我们的工人拿着600元、700元人民币的月薪，在低端环节和其他国家竞争。实际上从2005年汇改以后，我们过去传统印象里的东西都在发生改变。我们2006年的时候外贸依存度最高达到64%，现在外贸依存度只有33%，外贸对我们没有那么大的影响。加工贸易原来是我们的半壁江山，现在也只有30%，外商投资企业原来占我们进出口的将近60%，现在只有40%多，这些都有很大的变化。所以我们的汇率政策不能够像过去传统那样，主要针对贸易。

现在我们通过参考篮子货币调节来取信市场。到目前为止，人民币汇率双边汇率今年前9个月是下调了2%~3%，多边汇率调整了6%~7%。国庆节以后，由于各种原因美元走强，人民币对美元汇率出现了比较快的调整，但是人民币汇率指数保持了基本稳定。现在参考篮子货币调节好处在于，透明度提高以后，减少市场恐慌，大家理解人民币现在弱，并不反映基本面的变化，是因为美元强，人民币被动的调整；形成了双向波动，不像亚洲金融危机时期，人民币对美元是准固定的安排。此外，在边际上改善了出口竞争力。如果还有市场人士认为人民币汇率高估的话，那么我们现在的这个水平上，跟8·11汇改当时相比肯定是有一定程度的改善。现在我们的国际清算银行口径人民币有效汇率指数已经回到了2014年9~10月的水平。美元升值是2014年下半年开始快速的升值，如果说有人还认为存在高估的话，过去一段时间人民币所谓的高估可能已经有一些改善了。而且过去是不是高估这个问题也是仁者见仁，智者见智的。还有我们争取了金融外交的主动。为什么现在日本想干预日元升值，美国人不同意，很重要的原因可能美国人也担心，如果日元对美元再贬的话，那么人民币可能可以顺势对美元贬得更多，那么美元要承担更多这种升值的压力。所以从这个意义上讲，参考篮子货币调节在金融外交上给我们提供了一些选择权。

但是任何事情都是有利有弊的。客观分析一下，现在的调控方

式有些不足。正如周行长2月13号接受采访时指出的,现在我们的汇率,新的定价机制主要考虑了篮子货币的变化,将来还要把更多的因素与篮子货币结合起来予以完善。当然,汇率波动引入更多的因素并不是说让操作变得不透明,或变得不确定,而是要让汇率的变化更加可以解释,而且是由多种因素影响汇率变化的,它是可解释的。

第二个工具就是外汇市场干预。过去亚洲金融危机期间,我们没有用消耗外汇储备的方式来支持汇率稳定,所以尽管只有1 400亿外汇储备,但没有人讨论过外汇储备够不够用。但现在大家考虑这个问题,实际上就因为动用了外汇储备。动用外汇储备要清楚外汇储备是干什么的。从数据来分析,外汇储备一部分变成企业走出去的用汇,还有企业和家庭增加了外汇资产的配置,变成外汇存款,这就所谓的藏汇于民。另外一部分企业把钱借了美元外债,利差交易平仓,偿还了美元债务;还有境外的一些主体,境外的机构和个人,比如香港人,前些年人民币单边升值的时候,把港币换了一些人民币存款,现在人民币反向调整以后,又把人民币存款换回港币,对境外机构和个人来讲是减少人民币资产持有,对境内来讲就是减少对外人民币负债。所以藏汇于民与债务偿还这两个渠道导致了外汇储备减少。从国际收支平衡表和国际投资头寸表两个口径,都能印证外汇储备的减少是能够用这两个因素来解释的。

另外一个问题就是,外汇储备减少以后会不会影响外汇市场的干预能力。实际上这就涉及怎么理解一个国家持有外汇储备的动机。我觉得最基础的动机还是要防止出现国际收支的危机,国际收支危机就是货币危机加上债务危机。货币危机就是汇率贬值,债务危机就是债务违约。只有汇率贬值没有债务违约就不叫国际收支危机。从这个意义上来讲外汇储备的底线是防止出现偿债困难和进口支付的困难。而实际上到 2016 年 6 月末，我们的外汇储备能够应付 3.7 倍的短期外债，9 月末的时候能支付 24 个月的进口，而国际标准分别是 1 倍和 3~4 个月。2014 年底我们的短债偿还能力是 3 倍，那意味着什么？意味着确实一方面我们资产的外汇储备减少了，另一方面外债也偿还了。在这种情况下，我们整个偿债能力并没有受到根本的削弱，反而是加强的。进口支付能力也是一样增强的，2014 年底是支付 23.5 个月。2006 年底中央经济工作会议研究国际收支形势时，做出了一个重要判断，中国国际收支主要矛盾已经从外汇短缺转向了贸易顺差过大，外汇储备增长过快，必须把促进国际收支平衡作为保持宏观经济稳定的重要任务。那个"必须"是关于"科学发展观"六个必须之一。那个时候我们的短债偿还能力是 5 倍多，但那个 5 倍是仅仅相对于外币外债。如果我们按照可比口径的话，现在我们是 6~7 倍，就是说我们现在外汇储备可以应付短期外币外债的 6~7 倍。那时候的进口支付能力是 16 个多月，我们现在是 24 个月。所以实际上，当 2006 年底我们觉得外汇储备多，现在从一些传统指标来看，比那个时候能力更强。

但是外汇储备多少并不是一个绝对客观的指标，很大程度上也要考虑市场的主观感受。因为市场是把汇率的调整和储备的波动，等同起来看的。汇率贬和储备跌大家认为都是一件事，都反映了资本外流。如果市场认为资本外流是坏事，资本流入是好事，那就意味着边际收益是递减的，边际成本是上升的。所以储备越降，持续的时间越长，规模越大，对市场信心带来的冲击就越大。所以，为防止信心危机的传染，应当熨平外汇储备的这种波动。

从更长远来讲，大家都知道在第四条款磋商的时候，国际货币基金组织敦促中国在 2018 年底之前要实现人民币汇率的有效浮动，也就是中国政府讲的清洁浮动。如果实现清洁浮动，就意味着央行基

金融鹏程

本退出外汇市场干预,退出外汇市场干预就意味着基本上就不用消耗外汇储备。所以即便现在外汇储备多和少还是一个问题,将来也不是一个问题。然后,很多人讲得比较多的是,从传统指标来看外汇储备是多了,但现在货币发了那么多,外汇储备是不是就不够用了?我们从国际经验来看,找不到证据说以外汇储备比上广义货币,能够衡量一个外汇储备是不是够用。我们看这样一个表,十大经济体里,巴西、印度、俄罗斯,他们的外汇储备比上广义货币的比重是50%到90%,高不高?但是这些货币恰恰近年来都曾经是弱势货币,或者到现在为止还是弱势货币,所以说占比高不一定就是强势货币。中国这个比率最高的时候也没到30%,只是28%。所以我们看不出来有这个规律说货币的弱势与外汇储备/M2是有明显的相关性。我们看最近的例子,日元最近最强的时候,日本的外汇储备比上M2的比重反而是降低的。2015年底15.4%,到今年8月底降到13.1%。

而且,我觉得货币的超发是通过几个渠道的。一个渠道是货币发行多,导致通货膨胀,通货膨胀上涨给货币带来贬值的压力;另一个是推高资产价格,在资产价格上涨阶段,反而与汇率升值会形成一个相互强化的作用,有利于货币走强。只有当资产价格泡沫破了以后,才会对货币汇率带来向下调整的压力。但是泡沫这个事情往往事前是很难准确判断的,往往事后才知道是不是一个泡沫。包括对中国现在房地产的状况,有人讲货币发行多是导致最近房价上涨的主要原因,但也有人认为土地供应不足是主要原因,否则,为什么没有全国各地的房价都涨呢?所以你很难准确判断泡沫,类似这些问题都值得我们思考。

最后一个就是资本管制工具。资本管制本身没有好坏,是一个中性的政策,国际规则是允许的。管制不完全是堵的措施,有些也是疏导的措施,关键要看我们管制的手段愿不愿意用,管不管用。

我们看到的情况，现在为止我们整个管制还是相对比较有效的。我们银行结售汇逆差今年前9个月是2 549亿美元，比上年同期减少了37%，我们外汇储备余额是减少了1 640亿美元，比上年同期少减了50%。外汇储备降幅的减缓对于稳定市场预期起到积极的作用，在这个意义来讲保汇率和保储备是同一件事情。但是并不是说保储备就是汇率储备不能用，就像是说保汇率，并不是说不能让汇率不能上下浮动。储备波动要收敛。我们可以想象，如果现在我们还像上年底今年初那样，每个月外汇储备减少1 000亿美元，我们现在就肯定没有这么淡定在这里讨论这个问题了。

但是我们也不可否认，现在资本流动管理面临一些挑战，比如有一些真实性审核的要求，可能存在局限性，容易形成不透明，容易形成"一刀切"，有可能会增加企业生产经营的不确定性。还有，现在我们已经开放性很强了，有些要加强管制，那么管了这头那头又冒出来，最终形成跟监管的博弈，甚至管得越来越细。现在大家还关注的一个问题是，由于跨境人民币和跨境外汇的监管政策不完全一致，有市场人士就关注到最近一段时间，跨境人民币项下净流出比较多，但是境外人民币资产并没有增加，是不是有些通过人民币出去规避在岸的一些比较严格的用汇限制？还有一个可能要担心的是，对流出进行控制了，企业会不会通过减少流入、减少结汇来规避管理？这些都在一定程度上可能成为我们将来面临的挑战。

美国财长在参加20国集团上海峰会前也接受了专访。他也谈到了述三个工具。关于资本管制，他认为中国是资本管制的国家，不是要不要，而是怎么做的问题；关于外汇储备，原来中国外汇储备还没有这么多的时候，就有人批评储备多了，现在却说不够用，美国人也不太理解这是什么逻辑；关于汇率，他支持中国的汇率市场化改革，但是希望中国政府能向市场做出承诺，将来人民币有升值压力的时候能容忍人民币升值,市场化应该是双向的,不能是单向的、非对称的市场化。

所以我个人的看法,经济稳、金融稳是货币稳的前提,而不是反之,有很多人讲为了稳定汇率我们要怎样,我认为这样是本末倒置的。还有一个,汇率、干预和管制这三个工具没有绝对的好坏,我们不要做价值判断,不要贴上道德标签,关键是目标要早定,定了以后,手段工具和目标要匹配。当年亚洲金融危机,朱镕基总理说人民币不贬值,有很多人建议人民币汇率应该重归真正的有管理浮动,认为不贬值我们吃了多大的亏。但是政策目标确定以后,我们按照确定的汇率稳定的目标,设计相关的工具配套,走出了一条路。但我不能排除如果人民币真正贬值又会是另外一种结果,我们现在也不能非常有信心地说,另外一种结果就是绝对最差的结果。所以我认为,确定政策目标,然后据此进行工具设计,而且要预测和掌握后果,比如要守住汇率要付出什么代价,什么情况下代价小一点,什么情况下代价大一点,等等。

## 未来人民币汇率走势的三种前景

未来人民币汇率的三种情景,我觉得有几个历史经验可以供我们借鉴参考:第一个是2011年到2012年那次欧美主权债务危机。那是什么情况呢?2011年7月,美债信用谈判陷入僵局,8月美债信用降级,当时很多人都认为美国不行了,中国一枝独秀,会有大量热钱流入。但是我们当时做了分析,从历史经验看,在外部不太平的时候,外部冲击会对中国带来影响,人民币是风险资产,不是避险资产。所以,我们在2011年9月就提醒有可能会迎来新的一轮资本流出。实际情况是9月底10月初当时香港地区的人民币购售额度首次用完,当时市场上就传言香港金管局要和人民银行重新谈判增加新的购售额度,前三季度大家的热情很高,但突然一下就变了,就是因为外部冲击的影响。但那次的性质不一样,那次是比较纯粹的外部冲击,中国经济基本面本身没有问题,我们在事中评判的时候,就觉得这轮冲击是阶段性的、短期的冲击,应该说是属于去向可知的、趋势可控的、机会可用的一轮冲击。所以,实际上在2011年到2012年的那波冲击中,尽管我们有3个季度资本项下是流出的,甚至在个别时间外汇储备是减少的,但是我们没有采取任何"控流出"的措施,我们采取了借势改革的做法,在2012年4月12号把人民币汇率浮动区间从正负0.5%扩大到正负1%,对银行结售汇头寸实行权责发生制的正负区间管理,原来只有正区间,没有负区间,现在允许实行负区间管理,并且把2010年"控流入"的一个措施取消,即把银行结售汇头寸收付实现制的下限取消,取消这个"控流入"的措施,没有其他额外的"控流出"措施,这是基于我们以下的判断:

金融鹏程

这一轮虽然有流出,但是在中国基本面没有大的变化情况下,流出是一个短暂的冲击。果不其然,在2012年第四季度外部冲击过去以后,我们又经历了新一轮大规模的资本流入。

当时,在2011年12月份有一个星期,人民币对美元的汇率连续跌停,当时是欧美主权债务危机比较严峻的时候,对我们带来了一定的影响。我受领导委托去见《第一财经日报》,当时我就讲人民币跌停不等于人民币贬值,因为人民币中间价第二天又回来了,所以说人民币是折返跑,当日跌停出去,第二天中间价又收回来了。然后我们也对这一次危机冲击可能持续的时间进行了模拟分析,当时我们得出一个判断,会持续8~13个月的时间,也就是到2012年5月到10月结束。看看这个图,我们基本上猜到了这个结尾,2012年10月这条线从负的转成正的,我们可以说既猜到了危机冲击的开头也猜到了它的结尾。我想借这个历史经验表达这个意思,我们可以用公开信息来做趋势判断,用一些高频数据,则可以做一些更精确的拐点的判断。当然,信息越透明,我们大家判断的精准度就会越高。

对于当前这轮冲击,实际上我们也猜到了。2014年底,市场很乐观看好人民币,认为明年人民币要加入SDR,人民币还要进一步国际化。2014年11月,我们再次对资本流动的形势进行了评估,警示要注意风险,人民币可能进入双向浮动时代。我们评估认为,这次的冲击可能跟上次不一样,上次是单纯的外部冲击,这次还叠加了一个内部冲击,就是国内经济有下行压力,这个可能跟亚洲金融危机时期的情形比较相似,所以我们提出这一轮冲击持续的时间可能会比较长。但是,这个冲击的性质取决于它的规模,如果规模适度可控,对我们所有的改革和调控都是有好处的,但如果持续的时间长、规模比较大,就有可能会带来比较严重的影响。我们也提出要做一些准备，包括要把精力从控流入转到对流出的监测预警，我们还要对现行的外汇管理工具做一个压力测试，因为我们过去都是防流入，如果将来变成流出了该怎么办？这些工具还有没有效？要做一个这方面的评估。

去年在参加中国经济50人论坛的时候，我谈到这个问题，后来有记者写了一个标题，"外汇局官员认为亚洲危机离我们越来越近了"，但实际上我讲的是"十三五"规划，我跟"九五"计划的制订做了一个比较，因为"九五"计划是亚洲金融危机之前制订的，当时把适度从紧的财政货币政策写进去了，没有预见到亚洲金融危机会发展的那么严重，那时候还没有亚洲金融危机；有鉴于此，我提出"十三五"规划可能没有考虑这一轮资本流出可能对我们带来的影响。

未来我们的汇率会有几种前景：一种前景是基准情形，如果大家相信这个汇率能够稳定，相信有这个愿望去稳定的话，就不会攻击我们的汇率。还有一种情况是，如果我们的经济好了，美元稍微再弱一些，人民币汇率可能会稳定；如果中长期中国经济转型升级可以成功实现，那么经济强则货币强。总之，短期看就是经济稳则货币稳，中长期看就是经济强则货币强，就是这个逻辑。但比较坏的情形是，老天不帮忙，经济还在不断地寻底，或者大家对经济底部还有不同的看法，还有包括美元由于各种原因持续走强，那么也会通过我们现行的汇率定价机制带来影响。还有一个，就像刚才讲到的，有人研究了人民币汇率定价机制以后，提出央行是不是有一个策略性的汇率政策？如果市场大部分都相信这个策略，相信了这种看法，就会认为你没有意愿去维持货币稳定，如果把汇率调整目标作为改革的方向，那么现在维持汇率稳定的这些努力就会不断地被市场试探，看央行愿意花多少外汇储备、愿意在多大程度上加强资本流动

金融鹏程

的管理来实现目标，我觉得这可能是我们要避免出现的情况。

最后要讲的是，短期来看，我个人认为由于基本面的变化带来的资本流出、汇率调整压力，实际上在8·11汇改以前，资本流动从大量的净流入转为净流出，已经反映了。现在的贬值预期，很大程度上跟2015年我们金融市场发生的一些风险事件有关系，这些事件对市场信心带来很大冲击，政府信誉还在重新建立的过程中。在这种市场普遍看空的情况下，市场选择性地相信了很多坏的消息，然后给我们的汇率带来调整压力。刚才讲到基本面，在2014年的时候，大家从来不讲货币超发，大家都讲购买力平价，但现在都在研究央行的资产负债表和货币供应量，说这个货币超发多么严重。我认为这不是没有道理，但根本上还是反映市场情绪的变化。

我有三点判断，第一，美国情况实际上没有那么好，美国的经济金融基本面不能支持美元快速加息，不能支持美元持续走强；中国情况也没有那么差，全球大部分国家的经济增长都是零增长或者1%、2%的增长，我们6%、7%的增长，不应当过于担心。

第二，从资本流动的调整来看，我们负债端的调整基本上已经告一段落了，而且现在境外机构也开始逐渐增加人民币资产配置，负债端压力已经减缓了。关键是外币资产配置端的需求还比较旺的，这个是客观存在的，特别是考虑到明年初新一年度个人5万美元的购汇额度生效，会不会可能有新一波的购汇高潮？这个需要相关部门提前应对，要有预案来应付这个情况。

第三，资本外流将来是常态，特别是人民币自由浮动以后，必然是央行退出外汇市场干预，贸易项目顺差，资本项目逆差，贸易顺差越大，资本流出就越多。但是，资本流出并不代表汇率贬值，就像不能"用贸易逆差来解释美元的贬值、用资本流入来解释美元的升值"一样，将来这就是一个新常态。另外，现在炒作得很厉害的贬值压力，其实可能并不像大家想象得那么大。有两个指标，就是我们不要看市场说的，要看市场现实是怎么做的。我们刚才讲2014年汇改的时候，就提到，别看当时人民币现货市场还有很大的升值压力，但是在远期市场已经没了升值预期。现在的市场情况怎么样呢？一个是看 NDF，在亚洲金融危机的时候、贬值预期最强的时候，一年期 NDF 是一万多个点，就是预期一年以后人民币对美元贬一块多钱。现在是多少呢？10 月人民币新一轮调整，人民币一年期 NDF 已经快一两千个点，意思是可能贬一两毛钱，跟那个时候不可同日而语。还有一个，原来在亚洲金融危机的时候，大家说人民币要贬值，但是内地有管制，没法做空人民币，就采取做空港币的方式，但我们看到 8·11 汇改以后，绝大部分时间港币兑美元都是在强方保证，港币并没有受到冲击。没有大家炒作的那么厉害，关键原因是大家都习惯了过去 20 年人民币单边升值，没有见识过人民币突然一下子双向浮动的情况，心理承受能力比较弱；当然还有一个因素，现在咨询发达，当大家都选择性看空的时候，很多坏的消息就会被放大，可能会影响市场对基本面的判断。

所以我想讲的是，实际上，不论内部和外部，现在都有很多的不确定性。从市场来讲，不要用市场的判断取代市场的操作；从政府来讲，要从最坏处打算，争取最好的结果。

上面是我的汇报，欢迎大家批评指正，谢谢大家！

录音整理　潘俏倩、陈结

「天眼」看地球——气象与气候经济时代的到来

**张兴赢**，博士，研究员，1978年出生，福建省南平市人，1997年考入北京航空航天大学，2001—2006年在北京师范大学和复旦大学联合培养攻读大气化学理学博士，从事大气细颗粒物 PM2.5 的研究，是国内最早开展大气细颗粒物研究的学者之一，2006年博士毕业后进入中国气象局国家卫星气象中心，开辟了我国卫星大气成分遥感监测应用的新领域，2013年，不满35岁就成为当时整个中国气象局系统最年轻的教授级研究员。

现任中国气象局遥感应用中心副主任，风云三号气象卫星应用示范系统主任设计师，国际地球观测组织全球碳观测系统工作组专家，京津冀及周边地区大气污染防治专家委员会专家，全国低碳计量技术委员会专家，还兼任气象和环境领域多个专业委员会的委员。

张兴赢博士是我国卫星遥感探测大气成分领域杰出的青年科学家，近年来囊括了我国气象和环境领域所有的青年科技奖项，包括：北京大学颁发的"谢义炳青年气象科技奖"、中国气象学会颁发的"涂长望青年气象科技奖"、中国环境科学学会颁发的"环境科学青年科技奖"和"全国优秀环境科技工作者奖"。迄今，主持和参与国家级和国际合作科研项目40多项，发表学术论文130余篇，其中英文论文30多篇被国际科学应用索引收录。

近年来，参与完成了十多项国家级大气环境治理决策服务报告，得到多位国家领导人的重要批示。2014年五四青年节前夕，获得了团中央和人力资源社会保障部联合颁发的"全国青年岗位能手"的国家级劳模荣誉称号，同年7月入选中央国家机关践行社会主义核心价值观先进典型人物，在全国范围开展先进事迹宣讲活动，2015年7月先后当选为第五届中央国家机关青联委员和第十二届全国青联委员，同年12月，入选中国气象局"科技领军人才"高层次人才培养系列。

# "天眼"看地球——气象与气候经济时代的到来

## 【编者按】

2016年11月18日上午,由中国人民银行深圳市中心支行和深圳经济特区金融学会联手精心打造的"金融鹏程大讲堂"迎来第三讲。首次以"跨界"的形式、以气象领域作为主题,邀请了中国气象局遥感应用中心副主任张兴赢博士作题为"天眼看地球——气象与气候经济时代的到来"的专题讲座。按照工作方案,今后"金融鹏程大讲堂"将广邀各个领域的专家前来授课,以全面提升深圳金融系统员工的综合素质。

## 【核心摘要】

卫星,即"天眼",分极轨卫星和静止卫星两种。前者距离地球近且与太阳同步,所以也叫低轨卫星和太阳同步卫星,每天持续绕地球转圈,用于观测地球的环境和气候;后者距离地球远且地球保持同步,所以也叫高轨卫星和地球同步卫星,用于监测局部地区气象变化。

我国历时四十年共发射14颗气象卫星,其中7颗静止卫星、7颗极轨卫星,是除美国和欧洲以外同时拥有极轨和静止两个系列气象卫星的国家。目前,我国气象卫星接收站的格局是1+4+1的布局,即一个数据处理中心,四个国内地面站和一个海外站,不仅接收自己卫星的数据,而且接收来自全球气象卫星的数据。

气象卫星可以全面监测台风、水灾、火灾、沙尘暴、大雾等自然及人为灾害的气象数据,对灾前预警、灾中营救和灾后评估的各个环节都起着非常重要的作用。此外,对臭氧空洞、热岛效应、大气污染的监测,气象卫星也起到了无可替代的作用。

目前,国内缺乏专业的第三方机构,对卫星数据进行解读、分析,做进一步精细化的气象服务,近年来有几家气象公司初成立,预计需要五至十年的发展市场才走向成熟。

"天眼"看地球——气象与气候经济时代的到来

## 气象卫星知识科普与在我国发展情况

毛泽东有句非常著名的诗:"坐地日行八万里,巡天遥看一千河",说的是由于地球本身的自转,即便坐在这不动,每天都可以走八万里。由于地球的自转加公转,我们可以每天看到整个星系和银河,体现了一代伟人的博大胸襟。现在可以说真的实现了,是因为我们有了人造地球卫星。

卫星是一个大的平台,上面有太阳能板提供电源,有可以安装各种各样的仪器的接口。我国目前的极轨气象卫星上就装了11个仪器,仪器分别做不同的工作,分工非常精细。接收数据后能够通过装载在卫星上的电脑系统和天线,传回地面站。每一颗卫星都需要大量的投入,那么投资这么大的项目对我们的社会、经济有什么反馈?经济市场是否更好应用到这些高科技产品的成果,能让市场更加繁荣。这是近两年我们才接触的命题,今天非常高兴能够与金融领域跨界碰撞一下,看看卫星数据能否产生更大的市场。

简单介绍一下气象卫星,气象卫星是国内目前所有民用系列卫星中最早上天的卫星,也是发展得最成熟、最国际化的卫星,国家卫星气象中心已经成立四十几年。在一九六几年的时候,那时候我国的大轮船大飞机工程全部取消了,但国家领导人很有前瞻性,觉得未来气象卫星对民生、经济甚至军事都有很大的作用。即便在一穷二白的基础上,周恩来总理亲自批文建立卫星中心。卫星的发展也离不开航天先辈的支持,深圳的马书记就是航天出来的一把手,我们的气象卫星就是他在航天主政这么多年推出来的,所以有机会你们如果听到马书记的报告,他一定会浓墨重彩地介绍气象卫星的辉煌发展过程。

卫星分为两种：一种叫极轨卫星，另一种叫静止卫星。极轨卫星又叫太阳同步卫星，地球对着它的感觉就像对着太阳的感觉。每天它总是绕地球14圈，把全球都覆盖一遍，一个轨道大概是114分钟。假设它经过深圳是早上十点，那么它经过全球的任何地区都是当地的早上十点。它距离地面比较低，只有600多公里，因此这种卫星也叫低轨卫星。静止卫星也叫地球同步卫星，静止卫星永远跟地球保持同步转动，所以只会对三分之一个地球进行高时效地观测。这两者配合起来，就可以既看到全球的观测结果，也可以看到局部地区非常快速的变化的过程。

目前中国与美国、欧洲是全世界同时拥有静止和极轨两个系列的气象卫星的国家，这是非常了不起的事情。我国的气象卫星经过四十几年的发展，已经成功发射了14颗卫星，其中7颗静止卫星、7颗极轨卫星。虽然中国卫星取得很多的成就，但是比起国际先进水平我们还有不小的差距，还需要不断地努力提高。

目前我国卫星接收站的格局是1+4+1的布局，也就是一个数据处理中心，四个国内地面站和一个海外站。数据处理中心位于北京，四个国内接收站分别在北京、广州、乌鲁木齐和佳木斯。由于卫星覆盖极区的频率非常高，所以极区附近的卫星数据会接收可以很快，为了加快接收，我国在靠近北极的瑞典设立了海外接收站。我们的地面接收站不仅接我国的卫星，还接收包括美国、欧洲等国将近15颗卫星。因为气象卫星是全球化的，各国对这些数据都签了双边协议，免费互相共享。因为地球大气是没有国界的，所以从气象的角度来说，整个地球是一个地球村，任何人都不可能在一个自然灾害中幸免遇难，因此面对全球性的气候问题需要各国共同治理才能合作共赢。

"天眼"看地球——气象与气候经济时代的到来

前面只是铺垫一下气象卫星的基本常识,后面我想重点介绍一下气象卫星资料对社会经济领域都有什么作用。主要体现在以下三个方面:第一是防灾减灾,第二是应对气候变化,第三是生态文明建设。

## 气象卫星与防灾减灾

### 台风灾害监测

可能在深圳生活的各位对台风最有感受。原来没有卫星监测技术的时候,连台风来不来都不知道,无法做好避险措施,可想而知

金融鹏程 大讲堂

经济损失会有多少。自从有了卫星之后，影响和登陆我国的所有台风一个都没有漏掉，卫星不仅能看台风的去向，还可以给台风"做CT"，可以一层一层地切片，看它中间的湿度、温度、风速、内部结构是如何变化。而且随着卫星观测技术的提高，拍摄的频率也不断在增加。从只能一小时拍一次照。到最近可以做到20秒看一次，连一点点微量的变化都可以捕捉到。所以这些年我们预测精度都非常高，基本上跟美国欧洲一样，台风路径的误差可以控制在100公里以内，这样对于灾害的预估和给政府的响应留出很多的时间。

究竟台风能带来多大的损失？2016年有一个台风叫作莫兰蒂，中秋节那一天登陆厦门。登陆的时候是超强台风级别，大概是50年一遇的台风。即便气象部门提前三天给福建省厦门市做了重大的预警，但是最后评估出来的损失：死亡28人，失踪不明15人，受伤50人。即便我们已经这样去提前部署和预估，但依然有这么大的经济损失，如果我们一无所知那后果更不堪设想。而这些损失来自于我们信息化程度不够，很多渔村百姓接收到的信息不够及时，有些人还对灾害的严重性没有足够的重视，所以没有做好撤离工作。

大家会不会觉得今年台风异常增多，一般台风登陆的时间是7~8月，但是今年到10月仍然还有。实际上是因为全球变化影响在日益凸显的结果，去年出现了厄尔尼诺现象，就是中东太平洋接近赤道的地方海温异常偏高，就会带来台风活动就异常增多。

从经济学的角度考虑，如果我们能提早知道台风登陆的情况，是不是在保险业的灾害理赔方面能做的更准确？比如说能够预测明年台风增加多少，登陆位置可能在哪一区域，那么在经济学上是不是可以转化为一个灾害指数？进而可以知道保险经济的架构？虽然我不涉猎经济学，但是我想这些观测资料和延伸的预测信息，一定可以对市场经济产生影响，只是目前市场没有发展到能够把这些信息跟我们的经济和生活联系在一起。

### 水情监测

水库、湖泊等淡水资源对于人类生存来说是至关重要的。我们通过卫星可以对湖泊水体进行长期的跟踪和评估，可以分析某个地区的淡水量供应是否会减少和增多，这是地方政府领导非常关注的问题，因为涉及民众饮用水和农田灌溉。

大家知道今年夏天武汉暴雨成灾，通过卫星监测我们可以看到农田、作物、城区淹没情况，利用卫星可以评估受灾情况。如果农民有投保，这灾情的评估也能够作为理赔的依据，可以避免很多无谓的争论。如果不用卫星，仅靠肉眼和人力评估是做不到的。

太湖和巢湖是江苏省和安徽省的重要淡水资源和生态屏障。但这些湖泊每年由于富营养化后会出现大面积的蓝藻，对当地的养殖业有很大的影响。如果能够提前预测出蓝藻出现的具体时间和具体区域，就可以做一些预防措施，或者知道了蓝藻分布的位置，就可以准确地把蓝藻打捞掉。卫星还可以监测湖水的温度，发现随着湖水温度的变化，蓝藻的长势也会出现规律性的变化，这样就可以建立模型来预报湖泊蓝藻的长势。同时我们也会利用卫星监测研究湖泊蓝藻长期望的变迁规律，为地方政府提供湖泊周边的经济发展转型和产业升级支撑信息。

### 火情监测

秸秆焚烧的数据实际上我们从1989年起就每天给环保部门提供，用于火情监测和执法。我们不仅监测火情，还能根据卫星遥感得到地表枯草量多少，地表的温度多少，从而建立模型来预测它引发火灾的概率有多大。

金融鹏程

### 交通监测

大雾天气对交通经济影响非常大。中国气象局有专门的交通气象服务部门，专门做高速公路和高铁沿线提供气象预报和服务。

另外，火山爆发对航线的影响是非常大的，大家知道2008年冰岛火山爆发的时候，欧洲大量航班停航，所以航空部门急需航空气象的数据来支持民航的运作，来决定航班是否取消，会延误多少时间等。另外，还可以根据卫星监测到的火山爆发的传输路径和火山灰的高度，指导航班如何避开。2016年10月国家民航局、香港天文台和中国气象局签署合作协议，成立了亚洲航空气象中心，就是利用这些大数据的监测信息来提供航空气象服务。

### 沙尘暴监测

早年中国有很多沙尘暴，现在沙尘并没有真正减少，只是由于东部做了很大的防护，大家感觉少了。从卫星监测结果来看，我国的西部依然沙尘频发，且传输影响路径很多是发生在经济走廊区域，沙尘每年造成的损失非常大，而西部本来经济就比较脆弱，沙尘暴对当地的经济影响还是很大的。另外，我们人类向大自然索取太多，在沙漠里大量开采石油，带来GDP增长的同时，对生态环境造成了巨大的破坏，不断加剧了荒漠化的进程。对于沙漠石油等资源的开发，给社会经济的发展带来驱动，但是这里就涉及环境经济学的问题：我们怎么去平衡工业发展和跟生态文明的可持续发展，这需要跨界的思维去考虑。

### 地震救灾

比如说像西藏发生地震，救灾物资怎么部署？震区的天气服务对减少灾区的经济损失就有很大帮助。如果能让震区的所有决策服务人员和百姓及时接收到卫星监测到的灾害信息，我相信还可以更大程度地避免经济损失。

**农业监测**

卫星还可以做作物估产，中国气象局还专门的农业气象中心，利用卫星和地面的观测大数据，对冬小麦、玉米、水稻的进行估产，再根据气候学的数据分析未来天气对育种过程的影响，建立一个综合的模型来估产。另外，随着期货的发展，我们需要了解全球农业的情况，比如：要了解巴西的大豆，监测美国的玉米，因为我们吃的很多农产品是从国外进口来的，进口产品价格波动是影响很大，这就需要知道要进口的产品和产区明年是丰收年还是减产年等信息，这些信息就需要大量高质量的卫星去观测数据并建模型去预估这些农产品的产量。

**海洋监测**

这几年随着海洋权益提升日程，我们国家日益关注海洋，实际上海洋经济是未来非常大的平台。中国建了很多钻井平台，不仅是为了申诉主权，海洋底下蕴藏大量石油丰富的资源，需要强大科技支持才能有足够条件去开发。我国研发的蛟龙号深潜器，目前已潜到最深达海平面以下 7 千米的海沟中。海底蕴藏非常丰富的资源，但我们需要掌握资源的具体位置和状况才能更好地开发利用。而在卫星遥感这几年也开始把视角更多伸向海洋。我们会用卫星来监测海面的风速、海温、海上的大雾，以及海洋的污染、赤潮等情况，尤其是海雾的监测对远洋轮船，航海保险公司都有相当大的经济效益。

金融鹏程

### 积雪监测

还有北方的积雪监测，每年新疆阿勒泰地区的积雪在春季融雪期会淹没很多村庄和农田，所以我们每年在大雪时会前往阿勒泰地区去做实验，测积雪厚度和雪水当量，来验证我们卫星的产品精度。我们每年会给相关政府部门提供积雪覆盖面积、持续时间、厚度、含水量等数据，并对有可能由于融雪造成的泥石流和山洪地质灾害做出预警。

当年北京申请冬奥会，国际奥委会觉得北京承办过夏季奥运会，是否有足够的积雪条件来承办冬季奥运会？我们利用卫星长期的探测资料，提供了张家口、延庆地区十年的积雪情况，最后给奥委会官员一个明晰的答案，这个期间该地区的积雪覆盖率和厚度完全满足承办冬奥会的条件。奥委会看了后非常满意，也认可我们的数据和分析，认为北京的自然地理条件是合适的，再加上北京的软环境和软实力，于是北京就成为历史上第一个同时能主办夏季奥运会和冬季奥运会的城市。

## 气象卫星与气候变化

### 臭氧空洞

因为人类排放出大量氟利昂，对臭氧层造成严重的破坏，而平流层的臭氧是保护人类的，使得太阳光无法直接达到地球，让地球形成一个适合生存的温度。南极臭氧空洞的面积这几十年一直在增加。正常南极上空臭氧浓度有 400 多 DU（DU 是臭氧的浓度单位），当每年臭氧空洞发生时只有 150 多 DU。臭氧空洞的产生，会令更多的紫外线直接到达地面来，如果人类长时间照射容易得皮肤癌，所以臭氧空洞这个破坏非常严峻。

另外，我们用卫星可以看到随着全球的变暖，整个极区的冰雪在迅速地消溶，整个北极的冰盖不断地融化减少。卫星监测还可以发现由于冰川的融化使得海平面快速上升，按照现在的上升速度，未来将对人类生活的家园是灾难性的伤害。所以全球都在努力要减缓海平面上升速度。国际上成立一个大的减灾机制，一旦有灾害发生，成员国就可以触发该机制，触发点会收集的来自世界各国对该地球灾害的监测信息，用大数据去做支撑减少灾害的损失。这个减灾机制的一个触发点就设在北京的国家卫星气象中心。

全球变暖、臭氧层空洞、海平面上升，这些变化对人类的生存环境影响非常大，但是这些全球变化的同时也带来了新的经济增长点，比如，北极冰雪的融化就会带来极区经济时代。冰川融化对北极资源开发是非常有利的，原来冰川底下资源都开发不到，冰川溶解后，地底下的大量石油、天然资源就有开发的可能。北极理事会成员国目前有美国、加拿大、俄罗斯还有北欧五国等，现在各国都希望抢占极区这个资源高地。中国去年经过非常艰难的谈判，才成功加入北极理事会的观察员。

对于极区经济来说，还有一个非常现实意义的就是北极航道。原来所有远洋轮要绕道太平洋，北极航道的通航能大大缩短航行时间，节约高额的运输成本，所以北极航道的开通对人类贸易往来具有重大的意义。一旦北极航运能完全业务化，将对港口物资的转移以及海上贸易的重心转移带来非常大的变化。不仅减少海上运输成本，还能开辟海外资源接洽，商业价值非常明显。目前北极有两个航道，一个是东北航道，还有一个西北航道，融雪时是可以开通的。每年国家都会让我们去用卫星来评估北极海冰的变化情况，从而了

金融鹏程

解航道的情况。未来随着人类扩张越来越大，地表资源开发的差不多了，开始把触觉涉及海底和极区去获取资源。当然，从环境保护这个角度说，我是不希望人类去过渡地开发和破坏大自然固有的生态环境。但人类需要不断开发资源来维持发展。我想，我们需要在能够保证人类社会的可持续发展前提下，要做到人与自然的和谐相处，可以进行一定程度的开发来繁荣我们的经济，但是如何把握二者平衡，是未来人与地球发展最重要的考量。

**热岛效应**

卫星还可以用来监测城市热岛效应，随着城市越来越聚集，夏天的高温究竟有多高，涉及空调的载荷量要多大，需要多少电来保障，这些决策都需要大量的观测数据来做支撑。以后，也许经济学上可以根据卫星观测资料做出一个热岛指数，用于我们地方政府用电量的评估。我们用卫星评估了北京几十年热岛程度的变化，原本北京的热岛只有很小的一块，随着城市发展，热岛程度越变越大。但是到2013—2014年，政府发现北京大城市病以后，热岛效应在开始渐渐收缩。

## 气象卫星与生态建设

**碳交易**

卫星观测大气中的二氧化碳难度非常大，一直到了2003年才有相关的卫星探测结果，从这十多年的卫星观测我们可以明显地看到大气二氧化碳的浓度变化，可以发现有二氧化碳规律性的季节波动，大部分特征来源于大自然的正常代谢过程，人类的活动只是增加了很小的信号进去,但是正因为这个信号,就打破了整个地球的平衡。北半球人类活动多,所以二氧化碳的季节变化非常剧烈,而人烟稀少的南半球则相对平缓,但是因为二氧化碳是长寿命的化学物质,会随着大气进行全球的输送,所以全球的二氧化碳增长率都一样。目前二氧化碳浓度曲线已经超过几亿年的平均值,预估到2040年达到大约500个PPM。所以现在全球都在大力开展碳减排,提倡碳交易。其实碳排放,不仅仅只是二氧化碳,还包括甲烷、一氧化碳这些含碳成分的气体。

碳排放问题现在已经成为我国可持续发展非常严峻的挑战了,不仅是科学问题,也是政治问题。2014年在纽约气候变化峰会上,公布的结果显示我国的碳排放总量全球第一名,第二名是美国,第三名是欧洲,中国占27.4%,美国14%,欧洲13%,我们国家的碳排放总量超过美国欧洲的总和。原来中国虽然碳排放总量是很高,但人均很少。但是现在最新的评估是我们的人均也是超过欧洲,所以政府在谈气候变化的时候压力是很大的。

全球最早实行碳交易的有欧盟、美国、日本。现在中国也参与进来。最近几年很多企业在开始做碳交易了,多余的碳排放指标可以卖给其他企业。将来这个碳交易市场会发展的非常快。而卫星不仅可以直接探测到大气中的二氧化碳浓度,还有评估每个燃烧的过程中产生多少碳,可以根据多元大数据,通过评估过火面积的多少去预估燃烧排放的碳量有多少。传统的碳排放都是基于国家经济和工业的统计数据,建一个数学模型来估算的,但是这个数学模型估算的结果谁来裁判对错?我们利用卫星就可以给出一个相对公平的数据,因为卫星可以监测到真实的碳排放有多少。今年国家科技设立了一个项目是来研究城市群的碳排放,比如说做珠三角城市群,网格到一公里,每个公里每分钟排放多少二氧化碳。

金融鹏程

## 大气污染

中国的人口增长，城市化高度膨胀，中国GDP增长迅速，让我们马上就要成为全球第一大经济体，但是代价就是我们的生态环境恶化，不仅是大气，还有水污染和土壤污染，只是大家感觉不到。大气、水、土壤、生态、岩石等圈层都是相互作用的，空气中的污染物通过雨水之后下到地表，地表进入海洋，海洋鱼类在海水中长大，人类又吃了鱼，污染进入土壤后传输到农作物，农作物生长完人又吃了农作物，所以整个生物链是串联在一起的。

卫星可以探测到全球的大气二氧化氮气体，结果显示美国、欧洲、中国香港都在下降，中东和印度在增长，中国也一直在快速上升。其中京津冀涨得更快，只有2008年没有涨，是因为2008年的时候，由于奥运会，车辆单双号限行，全部的公务车减少一半出行，大大减少了汽车排放，另外对工厂的污染排放也做了大量的管控。大家可能觉得雾霾是不是就在这几年才有的，从历史的卫星探测结果可以发现，1979年到现在，早年八十年年代时大气污染最重的是在中国的南方地区，东部其实早年不严重。看最近十年，南方地区的大气污染减少了，而东部却快速升上去。

氮氧化物是硝酸盐颗粒物的重要前体物，这是PM2.5的主要成分之一，而50%的氮氧化物来自汽车排放。氮氧化物这十几二十年迅速增长，原因在于，一是汽车保有量越来越多；二来是脱氮的技术不够成熟；三是缺失汽车尾气排放执行标准。

通过静止卫星还可以观测按照小时级别的大气污染输送过程，有了这个以后，模型才好预报，模型是需要足够大的观测数据，然后建立一个复杂的计算能力才可以往后推测未来的污染物浓度和走向。所以观测对于预报和感知地球是非常重要。

而广东地区是目前中国几个重要经济带大气污染最轻的，但是在七八十年代，整个中国最重的污染全部在广东，因为是我国最早改革开发的地方，因此早年工业也发展的较早，从卫星监测长期数据可以看出：广州的大气污染从八九十年代是非常重的，当时的报纸新闻会报道说小学生下课在路边走就被熏晕了。而且广东跟北京的污染不一样，因为它更靠近赤道，所以它的紫外线更强，加上汽车的排放，就会在紫外线照射下，氮氧化物跟存在的挥发性有机物（VOC）就会发生光化学反应，生成臭氧，臭氧在对流层是非常有刺激性的，会造成眼睛不断地流泪，刺激神经系统。

现在广东已经渡过重污染时期，这些年各项污染指标不停地往下降，因为珠三角现在慢慢产能升级了，产业结构调整，核电发展起来，而煤炭和石油消费指数变得非常低，最早的国家级脱硫的设备都在珠三角投产。

## 气象卫星与数据应用

最后谈一谈卫星气象数据的情况。早年这些观测数据大部分是局限于内部使用，百姓只知道公布出来的结果，很多数据和信息没有很好的利用。但是习近平总书记上台以后，这个鸿沟在慢慢地缩小。2015年7月，国务院下了一个文件，要把政府部门开展的观测数据对市场开放共享，放到社会去，政府部门不再做任何增值服务，只做原数据的提供和基本服务。而社会机构拿到这些数据之后可以做更精细化的增值服务。这两年气象大数据的市场才刚刚露出一点端倪，有几个气象公司刚刚成立，可能需要五到十年的跨界合作才会走向成熟。

欧洲和美国不一样，气象服务的市场已经非常发达。美国气象局叫国家海洋气象管理局，他们只做宏观天气指导，剩下的精细化的增值服务是交给市场机构来运作的。农场主可以依赖这些精细化的市场气象服务提供的气象分析和农作物分析数据，来完成农业生产的各个环节。农场主只需要运营的头脑，背后都是靠大数据支撑，专业化、精细化的服务支撑。

去年我们中心首次尝试开发了关于海洋应用的App，希望加强卫星资料对社会的服务，大家可以在上面随时看到很详细的卫星海洋监测信息，目前只是在做尝试，希望公众、政府决策部门能够看到我们这么多详细的信息，对经济发展有一些帮助。

目前卫星数据用户量很多，但都集中在高校科研等专业部门，基本没有到市场，国际用户也很多。去年开始，我们要辅助国家的"一带一路"经济带开发政策，免费给"一带一路"上没有卫星的国家送硬件、人才、软件，每年给他们做培训；对于这些国家来说是非常大的帮助，我们去扶持他，从技术层面支撑国家"一带一路"国家的政策落地。

最后提出一点希望，虽然现在大家觉得我们生态环境很恶劣，我认为不用过分忧虑,历史上,洛杉矶经历过很重的工业污染、伦敦也是很有名的雾都,但是现在的洛杉矶和伦敦都特别漂亮。相信在各行各业的共同努力下,未来的中国也一定是一个风调雨顺的绿色美丽家园,这不仅仅是中国人的梦想,也是全人类的共同梦想,绿色经济和可持续发展一定是未来发展的大势所趋,这样才能让人类的子子孙孙都能幸福地生活在这个蔚蓝的地球上。

录音整理　王伟翔

数字货币与区块链技术：前景与挑战

**张伟**，清华大学副研究员（副教授），经济学博士，金融风险管理师（FRM）。现任清华校友总会理事、副秘书长，《清华金融评论》副主编兼编辑部主任，清华大学五道口金融学院校友办主任。曾任中国人民银行研究生部教研处副处长、中国金融教育发展基金会金融理财标准委员会教研部主任、中国人民银行研究生部行政处副处长（主持工作）。

主要从事宏观经济、货币政策、汇率体制、股票投资、外汇投资、金融稳定机制、金融危机预警机制等方面研究。主要教授金融理财、投资规划、投资学、国际金融、衍生金融工具、公司财务、风险管理等课程。曾在《经济研究》《世界经济》《经济学动态》等期刊上发表多篇学术论文。独立编著《货币危机之谜》《AFP投资规划》《CFP投资规划》，编著《金融理财原理》《证券期货监管》《金融理论前沿课题》《新三板投融资策略》《互联网＋普惠金融：理论与实践》等多本著作。

# 数字货币与区块链技术：前景与挑战

**【编者按】**

2016年12月1日下午，由中国人民银行深圳市中心支行和深圳经济特区金融学会联手精心打造的"金融鹏程大讲堂"迎来第四讲。由清华大学副研究员（副教授），《清华金融评论》副主编张伟博士作题为"数字货币与区块链技术：前景与挑战"的专题讲座。张伟博士介绍了数字货币产生的历程、现状；从技术实现、经济属性、交易形式等多方面分析了当前最主要的数字货币比特币的优缺点；以浅显易懂，但深寓启发的方式介绍了区块链技术实现原理；并从多角度对数字货币和区块链技术发展前景及面临的挑战进行了诠释和展望。

**【核心摘要】**

历史上，货币从无到有，从由众多一般等价物的特殊商品充当，到固定使用金、银贵金属，到产生银票等信用货币，现代银行体系出现后又在现钞基础上产生了电子货币，近年来又出现了数字货币。从货币形态发展历程来看，货币开始趋向于从实物向虚拟方向发展，货币数字化已是必然趋势。

比特币是对数字货币的一个重要探索。它实现了点对点的价值转移，使用加密算法达成可信共识，基于时间戳解决了双花问题。但仍然存在交易确认时间过长、发行量存在上限、价格不稳定、易遭黑客攻击、缺乏法律保障等问题，难以成为真正的货币。

区块链是比特币的底层技术，是基于点对点（P2P）网络的分布式记账系统。通过加密、时间戳、工作量证明与共识算法，区块链可有效地应用于任何存在信任关系的交易之中。未来，区块链在央行发行数字货币、降低支付清算成本、解决传统征信孤岛问题、提升证券交易可信等方面都存在应用可能。但目前，区块链技术的应金融鹏程

用仍面临交易效率低、高能耗、区块容量过大、安全性以及与当前货币金融体系融合等各种问题。

## 货币数字化趋势

从古到今,人类有两个重大发明,一个是文字,一个是货币。文字使我们的精神世界能够被记录并传承下来,从最开始没有文字靠语言沟通,到有了文字、印刷术,到后来在信息可计量后进入了信息时代,信息最基础的计量单位就是比特。货币也是从无到有,一开始是物物交换,后来由一般等价物的特殊商品充当货币。历史上曾充当货币的特殊商品非常多,经不断选择淘汰,后来固定到如金、银等贵金属。但以贵金属作为货币,依然存在许多问题,如不同区域的标准可能不一致,也就有了后来政府对标准进行统一。比如说我们历史上的秦国之所以能强大,一个重要原因就是在统一文字和统一货币上做了非常重要的工作,促进了生产大发展。更进一步,我们发现在使用货币时,人们其实并不关心这个货币是否足值,甚至是否具有价值,由此历史上出现了的票号、钱庄,逐步产生了信用货币。当现代银行体系出现后,在现钞基础上又逐渐产生了电子货币。电子货币是有中心化的信用,即把已有的由中央机构颁布的法律约定信用的货币进行电子化。之后出现的数字货币是与电子货币是有本质区别的,数字货币本身靠算法就可以取得信任,不需一个中心化的机构来提供信用。

从货币形态的发展历程可以看出,货币从无到有,而且是趋向于从实物向虚拟方向发展。货币就是一个符号,本身并不需要具备价值,其价值可能来源于法律,甚至是一种信仰。最开始的货币是自然选择的结果,到后来是法定选择的结果,我们也看到在法定的这个过程中由原来的无中介机构到后来有了中介机构(比如商业银

金融鹏程

行），甚至中心化的机构（比如中央银行）。

我们现在要探讨的数字货币，就是探讨能不能把中介取消，实现直接点对点的价值转移。当前基于中央银行和商业银行二元体系的货币发行、支付清算的成本是很高的。如果没有中心化的机构，点对点就能直接实现价值的转移，并且解决可信和双重花销的问题。至于去中心化是否能够降低这个成本？那我们就要比较这两个体系的效率和成本。我们的央行想推出的是法定数字货币，从今年9月《中国金融》刊发的数字货币专题文章可以看出，其思路还是基于现有中央银行和商业银行二元体系，主要是希望利用诸如区块链等技术，以数字货币替代部分现钞。当然未来可不可能，甚至替换我们现有的中央银行电子货币的体系，同样也需要比较两者优缺点、成本和效率。但从货币形态发展历程看，货币数字化是一个必然的趋势。

## 对数字货币的探索

人们对数字货币的探索早在20世纪80年代就开始了。1990年产生了第一种数字货币ECash，应用加密技术以保证消费者在交易中对商家匿名。1997年出现的HashCash使用了工作量证明系统，这后来成为比特币核心要素之一。同年，Haber和Stornetta提出用时间戳保证数字文件安全。1998年出现的B-money则强调点对点交易和交易记录的不可更改。这些早期探索为比特币的出现打下了坚实的基础。2008年10月31日，一个署名中本聪的人向几百个密码爱好者群发了一篇经典论文，阐述了比特币点对点、去中心化的核心思想；2008年11月16日又发布了比特币的代码。2009年1月3日，中本聪挖出第一个区块，即所谓的创世区块，比特币正式诞生。截至 2016 年 11 月 30 日全世界大概有 714 种数字货币，市值近 138 亿美元，其中比特币的市值占 85.7%，此外，占比较大的还有以太币、莱特币等。

## 比特币的优缺点

比特币有很多优点，包括它的去中心化实现了点对点的价值转移，基于算法达成共识，基于时间戳解决了双花问题，且稳定运行了 7 年。但是比特币也存在很多缺点，可能比优点还多。比特币在目前来说确已形成一个很大的市场，但要真正成为所谓的货币，还有很长的路要走。

第一个缺点就是交易确认通常需要数分钟甚至超过十分钟的时间，而我们现在市场上的交易可能是零点几秒，甚至是瞬时确认。

其二是存在发行量上限。这是一个很大的问题。比特币的发行机制也被称为挖矿，采用工作量证明（Proof of Work）共识机制。约定每 10 分钟生成一个区块，并在全网范围内以比较算力的方式竞争抢夺区块，每获得一个区块即能得到比特币奖励。最开始四年，一个区块的奖励是 50 个比特币，每下一个四年，奖励减半。以此规则计算，比特币发行量将在 2140 年趋近于其发行上限约 2 100 万个。当一个货币有发行上限，就会产生一个可怕的问题，即如果人们永远相信它是有价值的话，它的价值从总体趋势上来讲将不断上升，这就会产生通货紧缩问题。这是比特币的一个根本缺陷，货币一定不能存在稀缺性。而且，价值不能太波动。当然货币无限发行会导致通货膨胀，而数量有限则会出现通货紧缩，对经济运行来说都不利，

真正好的货币增长速度要保持与经济发展同步增长。所以，用任何实物作为货币，长期来讲都会存在这个问题。比特币数量约2 100万个，虽然其最小单位可划分到十亿分之一，但终究数量是有限的。

其三是价值不稳定。比特币的价格最开始是零；2009年，按照耗电成本1美元可买1 300多个比特币；2010年有人用1万个比特币才买到的价值25美元的匹萨优惠券；2010年第一个比特币交易所MtGox成立时，1个比特币相当于0.5美元，后来比特币的价格飞跃式上涨，最高曾在2013年涨至8 000元人民币；2014年MtGox被盗宣告破产，比特币价格暴跌为900元人民币；目前大概在5 000元人民币。可见比特币的价格是极度波动的，这是比特币第三个致命的缺陷。它的价值波动剧烈，而要作为货币的话价值就必须要相对稳定。

其四是既透明又匿名，这本来是比特币的一个优点，但也使它容易成为洗钱的载体和资本外流的工具。用人民币买比特币，再把比特币以美元卖出，整个过程非常轻松容易。不过，现在许多比特币交易所也需要实名认证，我们央行也可以研究如何去管理它。

其五是比特币的发行机制耗费过大。刚才我们说比特币是通过算力竞争，就是挖矿获得。参与挖矿的人越来越多，为挖得更多区块，获得更多比特币奖励，更快的设备被投入到挖矿之中，全网算力不断提高，挖矿难度和成本也不断增大。从理论上推测，单个机构或者单个矿池最后挖矿成本一定是会接近所得比特币奖励的价值。所以说比特币最终的成本和它的价值应该是相等的。但从整体来看，众人在挖矿中投入的成本远超过所产生的比特币的价值。这样，实际上会形成大量的浪费，甚至会产生环境污染问题。

其六是区块总体体积不断变大。存储比特币需要比特币钱包，最基础的比特币钱包就是比特币核心钱包（Bitcoin Core）。我们知道比特币是一个账本系统，每一个交易之后都把数据写入区块，导致了它的数据量增长极快。如果现在钱包把整个数据同步，数据将接近 100G，随着交易不断发生，存储的数据量将变得非常巨大。

除上述缺点外，比特币还有区块不可定制、协议功能单一、社区共识效率极低等问题。总而言之比特币确实有一些优点，但是我们可以看到，更多的其实是缺点。

## 比特币的货币属性分析

我们再从货币的角度对比特币做一个分析。

货币最根本的职能是价值尺度和流通手段，这就要求货币本身不具备稀缺性且价格必须稳定。黄金最终退出货币历史舞台也是因为其稀缺的原因，黄金生产的速度赶不上经济发展的速度。比特币的发行机制导致它的数量有限，加之其价格非常不稳定，这都决定了它不可能成为一种真正的货币，最多只能作为一种数字资产。

另外，从货币发展历程，我们可以看到，货币越来越趋于符号化，货币本身不一定要具有价值，只要人们相信它有价值即可。在使用过程中，我们希望它无论是发行还是流通，成本都要尽可能小。当前我们发行纸钞也是有成本的，维护银行支付清算系统的成本也不低，但是至少其成本比货币名义上的价值要小得多。而比特币要靠算力竞争才能获得记账权，其发行成本是非常高的。

比特币目前被认为是不可伪造或被篡改的，但其加密技术也有被破解的可能，且处于开放互联网，也存在遭到黑客攻击的风险。如 2014 年比特币交易所 MtGox 遭黑客攻击，很多的比特币丢失，直接导致 MtGox 破产，比特币价格大幅下跌。

金融鹏程

最后就是共同的信仰问题。货币是要有共同信仰的，目前众多法定货币的信仰来自于法定强制性，而比特币是没有法律保障的，它的公信力是比较低的。各国政府对待比特币态度不尽相同，美国商品期货委员会将比特币看成是一种商品；英国是比较积极，承认比特币是一种货币；德国表示支持比特币的合法化，但要对交易正常征税；法国则比较谨慎，在反洗钱等金融风险上对比特币要求严格。中国在2013年发布了一个关于比特币风险提示通知，直接导致比特币价格大幅下跌。今年1月央行召开数字货币研讨会后，比特币的价格开始回升。由此可以看出，央行对比特币的态度很大程度决定了比特币价格走势。目前而言，央行对数字货币的态度是积极的，且已经开始研发法定数字货币，而现有的数字货币的技术实际上都是值得借鉴的。

## 区块链技术应用前景及挑战

比特币成为真正的货币可能性很低，它带来的附属产品区块链技术可能才是其最重要的一个贡献。

首先，区块链技术是基于点对点（P2P）网络的。它没有一个中介化、中心化的机构角色，任何一个节点退出，并不影响整个系统运行。但在中心化或中介化的系统中，如果中心化机构退出，一定会影响整个系统运行。这就要求中心化的机构一定要有公信力且能力特别强。就像我们现在的中央银行，维护系统能力是超强的，在安全方面、数据保密方面都是可信的。

其次，区块链技术是分布式的记账数据库，即各个点都可以记账，而且可以查看账本。中心化系统做不到这一点。

再次，区块链技术通过加密技术建立了一个点对点的价值转移协议。在区块链技术之前，我们的互联网是一个信息互联网，价值的转移必须通过中心化的机构进行记账。我们知道现代经济生活中有这么几个流：一个是信息流，我们做任何事情首先要进行沟通，进行交流。第二个是资金流，经济往来一定有资金流；如果涉及实物商品，交易中还涉及到物流；人本身也需要流动，就是人流。其实电子货币本身也是一种信息，然而它不能像一般信息直接在当前的互联网上转移，因为可能存在虚假和"双花"问题，从而需要中心化或中介化机构通过记账来解决。目前的互联网金融，如 P2P 网络借贷，还不能真正实现价值的直接转移，仍然需要中心化机构即现有的银行体系记账实现价值转移。但是，通过区块链技术，完全可以实现直接点对点的价值转移。如果区块链技术能够很好地推进，未来的互联网可以实现价值互联网，这是非常具有革命性意义的。

最后，区块链技术还是一个账务系统，甚至是一个互联网资产管理系统。它不仅仅适用于货币，还适用于任何需要取得信任的交易，包括诸如签订合同、合约，各类证券的登记，托管等，凡是发生信任关系的地方、行为、活动，区块链技术都可以在其中扮演角色，其应用前景广阔。

我们可以把应用于比特币的区块链技术看作是 1.0 版本，现在应用于诸如股权登记等智能合约等方面的区块链技术 2.0 版本正在发展。未来只要有信任关系存在的地方区块链都可运用，其前景是非常光明的，目前来看包括以下领域。

一是数字货币。但是这个路实际上还很长，我个人觉得私人的数字货币要真正成为货币的前景很渺茫。但如果中央银行能很好地利用数字货币核心底层的区块链技术来发行法定数字货币，却是能解决许多问题的。包括可以避免竞争挖矿这种能源消耗大、投入设备多等问题，也能够通过法律解决数字货币公信力的问题，还能够解决价值稳定性及数量有限的问题。利用现有的中央银行和商业银行的这种二元支付清算系统，还能进一步降低成本，提高效率。此外，相当关键的一点就是央行如果利用这种技术，可对货币交易进行追溯，在反洗钱，甚至反贪污腐败等方面能发挥极大作用。央行推行法定的数字货币，我觉得是很值得期待的。

二是支付清算。大家可以阅读比特币白皮书，比特币体系实际上就是一个支付清算、价值转移系统，这是一个很天然的应用。Ripple 系统就是一个去中心化的全球金融支付系统，已取得了很大进步。央行发行法定数字货币有很多好处，但各央行无法改变其他地区或国家的主权货币，依然需要进行汇兑。我们可以想象，如果全世界都用同样的技术来发行法定数字货币，实现全球货币的统一，就能解决汇率的问题。那将是人类一个非常伟大的发明，对全世界经济的发展都是好事，当然这是非常困难的。

三是征信。征信市场是一个巨大的蓝海市场，传统征信市场面临信息孤岛的问题，传统技术架构也难以满足共享征信数据发掘数据蕴藏的价值的需求。而区块链本身就可以形成信用，为解决这些难题提供了一种全新的思路，可以提高征信公信力，显著降低征信成本，进而可能打破数据孤岛的障碍。

四是证券交易。世界上已有证券交易所在进行探索区块链技术应用的问题。2015 年末，纳斯达克首次使用了区块链技术交易平台记录私人证券交易。澳洲交易所利用区块链技术与银行账户连接，实现了买卖股票后资金的迅速到账。

区块链应用面临的主要挑战实际上跟其本身的技术实现有关。首先是区块链的交易效率还非常低，交易验证的时间长，难以满足巨量交易的需求。其次是区块链技术应用能耗过高。再次是区块链存储的容量太大,对网络带宽形成很大挑战,难以应对诸如外汇、股票等市场的大规模交易。最后是其赖以为基础的非对称加密技术并非不可破解,可能存在安全性问题。此外还有与当前金融体系融合的问题,以及因升级完善在技术上产生的硬分叉问题等。总体来说,区块链技术的应用前景非常广阔,但是也存在许多挑战,需要技术、金融、法律等各行业的从业人员共同努力,才能够把上面所说的前景和应用变成现实。

今天我就利用两个小时多一点的时间,算是蜻蜓点水的方式跟大家做了一些关于数字货币和区块链技术的介绍,分享了一些观点。请大家批评指正。谢谢大家!

录音整理 刁宇绮

2016年人民银行青年论坛精彩实录

## 【编者按】

2016年12月16日，人民银行青年论坛暨金融鹏程大讲堂（青年专场）在深圳举行。来自人民银行系统的青年课题组代表和有关专家学者齐聚一堂，交流青年学术研究最新成果，探讨当前经济金融运行中的热点难点问题。

## 【核心摘要】

来自人民银行货币金银局、上海总部、成都分行、重庆营业管理部、台州市中心支行的5个青年课题组，分别就《中央银行数字货币的发行、流通及发行体系构建》《汇率是否应纳入央行货币政策目标——基于中国经验的思考》《中国宏观审慎统计体系构建及风险预警评估》《中央银行适度资本金与货币政策调控》《家族企业"双创"能力研究及启示——基于2453家A股上市公司的对比分析》等内容，通过电视会议形式面向全系统进行交流展示。

人民银行青联主席、深圳市中心支行行长邢毓静，金融出版社社长魏革军，金融稳定局副局长陶玲，金融研究所副所长卜永祥，北京大学光华管理学院教授颜色等评委对课题展示情况进行了综合点评，就人民币汇率、数字货币、央行适度资本金、宏观审慎等经济金融热点问题与部分青年课题组代表进行了交流，并向参与交流展示的5个青年课题组授予"2016年中国人民银行青年论坛优秀成果奖"。

邢毓静在总结点评中表示，2016年青年课题组活动中，有更多基层行的青年课题脱颖而出，关注热点创新点更多，为央行履职提供了有益的参考。过去一年多的时间里，经济金融领域出现了诸多的新情况、新问题，广大央行青年要深入思考如何做好中央银行的政策和学术研究。以新的视角、新的观察、新的动能，秉承着理性的思维、恒久的心态，围绕央行履职持续开展研究。

2016年人民银行青年论坛精彩实录

12月16日上午9:00~12:00，2016年人民银行青年论坛暨金融鹏程大讲堂（青年专场）在人民银行深圳市中心支行举行。本届论坛由人民银行总行团委主办，人民银行深圳市中心支行承办，论坛采取电视电话会议的形式举办，主会场设立在人民银行深圳市中心支行，人民银行总行机关、上海总部及各分支机构设立分会场。

金融鹏程 **大讲堂**

　　来自人民银行系统的青年课题组代表和有关专家学者齐聚一堂，交流青年学术研究成果，探讨当前经济金融运行中的热点难点问题。论坛邀请了人民银行青联主席、深圳市中心支行行长邢毓静、中国金融出版社社长魏革军、金融稳定局副局长陶玲、金融研究所副所长卜永祥、北京大学光华管理学院教授颜色担任评委。

　　成都分行工会主任岑岑、重庆营管部调研员杨伟、台州市中心支行行长肖宗富等部分参展课题所在行的相关领导，人民银行分行级以上分支机构和人民银行总行部分企事业单位团委书记，人民银行深圳市中心支行职工及深圳辖内金融从业人员共计两百余人在主会场参加了论坛活动。

## 拉开序幕：深圳中支领导致辞

人民银行深圳市中心支行副行长张庆昉受邢毓静行长委托，代表深圳中支致欢迎辞。张庆昉副行长对总行把这一届青年论坛安排在深圳举办表示感谢，对获得2016年总行青年课题表彰的各位青年才俊致以祝贺，对前来参加论坛的领导、专家学者和青年朋友们表示欢迎！张庆昉副行长表示，总行青年论坛的举办，充分体现了总行一直以来对青年学术研究工作的高度重视与大力支持，对促进央行青年成长成才、推动央行事业薪火相传具有重大的现实意义。同时，他还介绍了深圳中支在加强青年学术研究方面取得的成效，尤其是"金融鹏程大讲堂"开办情况，并对大家莅临"金融鹏程大讲堂"的活动发出了诚挚的邀请。

金融鹏程 大讲堂

深圳中支副行长张庆昉致辞

## 渐入佳境：5项课题展示

论坛上，来自人民银行台州市中心支行、成都分行、总行货币金银局、上海总部、重庆营业管理部的5个青年课题组，通过电视会议形式面向全系统进行交流展示。每项课题交流均包括课题展示、观众提问、其他课题组提问和评委点评四个环节。

课题一：《家族企业"双创"能力研究及启示——基于2453家A股上市公司的对比分析》（台州市中心支行）

台州中支课题组代表

该课题从家族企业这一独特视角来研究"大众创业、万众创新"，课题以2453家A股上市公司为样本，建立面板回归模型进行实证分析，结论表明：家族企业相对非家族企业而言"双创"能力更强、关注更长远、更易受融资影响、创业影响速度更快，这些特征均与其"家族"特质有关；此外，家族企业的创业和创新存在阶段性"背离"与"协同"现象，这看似矛盾的背后，其实质均是行为特征层面的"平衡"。基于此，课题组从借鉴家族企业经验、树立"逆周期"调控思维等方面提出进一步推动我国"双创"战略实施的政策建议。

金融鹏程 大讲堂

现场观众向台州中支青年课题组提问

深圳中支邢毓静行长对台州中支青年课题进行点评

台州市中心支行行长肖宗富专心做笔记

**课题二：《中国宏观审慎统计体系构建及风险预警评估》（成都分行）**

成都分行课题组代表

金融鹏程

该课题详细总结了国际上宏观审慎统计体系建设的主要作法,并结合金融周期理论,初步构建了我国的宏观审慎统计指标框架。同时,从风险预警和风险评估两个角度对我国系统性金融风险现状进行了实证研究,明确了我国所处的金融周期阶段并构建了中国系统性金融风险压力指数。结果显示,中国目前处于金融周期由繁荣向萧条的转换阶段,面临长期的金融风险压力,风险点转换加快,考验监管层的风险防控能力。同时,金融周期下行的阶段性特征也加剧了我国宏观经济筑底的长期性,需要统筹协调防风险与稳增长之间的关系。

其他课题组成员向成都分行青年课题组提问

2016年人民银行青年论坛精彩实录

总行金融稳定局陶玲副局长对成都分行青年课题进行点评

成都分行工会主任岑岑、重庆营管部调研员杨伟正在听取课题组汇报

金融鹏程

课题三:《中央银行数字货币的发行、流通及发行体系构建》（货币金银局）

总行货币金银局课题组代表

课题组首先归纳了现代货币所需具备的四个基本特征：同质防伪、数量适应、功能延展和普惠正义。重点分析了如何选择合适的原则和技术，用于设计数字货币发行体系，以便数字货币在四个基本特征方面获得相对于现有货币形式的优势。基于研究结论，课题组认为中心化将是数字货币发行的主流方式，逐步发挥去中介化作用是数字货币流通的必然选择。同时，中央银行数字货币的发行是一个长期、渐进的过程，应根据不同的应用场景选择不同的原则和技术，同步研究、分块构建数字货币发行体系。

其他课题组向总行货币金银局青年课题组提问

北大光华管理学院颜色教授对总行货币金银局青年课题进行点评

金融鹏程

**课题四：《汇率是否应纳入央行货币政策目标——基于中国经验的思考》（上海总部）**

上海总部课题组代表在回答问题

该课题以2015年8月以来人民币汇率一度大幅波动为背景，研究央行是否需要通过持续干预市场来稳定汇率，央行干预人民币汇率的"底线"在哪里，汇率是否应纳入央行货币政策目标。课题组认为，货币政策关注汇率目标的主要逻辑基础在中国并不成立，汇率不应成为货币政策之"锚"，单纯为稳定汇率而自缚手脚是一件得不偿失的事。货币当局有必要排除干扰，在货币政策框架中应将汇率所赋予的权重尽量降低，并致力于推动汇率形成机制市场化改革，为其他政策目标赢得空间。

现场观众向上海总部青年课题组提问

金融研究所卜永祥副所长正在认真研究上海总部青年课题论文

金融鹏程

**课题五：《中央银行适度资本金与货币政策调控》（重庆营业管理部）**

重庆营管部课题组代表

在我国特殊国情下，人民银行承担的诸多"准财政"职能使其面临资本金损失的机会增多，对货币政策有效性的影响将日益突出。课题组在对主要国家中央银行资本金规模、结构及补充分配机制研究的基础上，论证了中央银行资本金与通货膨胀和金融稳定的关系。课题组认为，中央银行资本金对货币政策调控存在比较显著的影响，提高中央银行资本金水平有利于控制通货膨胀，提高中央银行自有资金的盈利能力有助于维护金融稳定，但资本金水平并非越高越好，央行应该确定一个适度的资本金范围，以提高货币政策调控的有效性。

2016年人民银行青年论坛精彩实录

现场观众向重庆营管部青年课题组提问

其他课题组向重庆营管部青年课题组提问

金融鹏程 大讲堂

中国金融出版社魏革军社长对重庆营管部青年课题进行点评

## 推向高潮：评委打分并颁奖

五个课题组展示完毕后，评委对5个课题组进行综合评分，并由中国金融出版社社长魏革军、金融稳定局副局长陶玲、金融研究所副所长卜永祥、北京大学光华管理学院教授颜色和总行团委书记白力为5个课题组颁奖。

2016年人民银行青年论坛精彩实录

工作人员汇总分数过程中,课题组成员向评委提问

金融研究所卜永祥副所长回答课题组提问

金融鹏程 大讲堂

金融稳定局陶玲副局长回答课题组提问

主持人宣布课题评分结果

2016年人民银行青年论坛精彩实录

青春靓丽的礼仪人员（全部是深圳中支的青年员工）

等待颁奖的5个课题组代表

金融鹏程 大讲堂

嘉宾为5个课题组颁奖

## 引向深入：评委会主席总结讲话

本届青年论坛评委会主席邢毓静用三个关键词对青年课题组和论坛活动进行了总结，第一个关键词是"祝贺"，第二个关键词是"倍感荣幸"，第三个关键词是"下一步的思考"。

评委会主席邢毓静对青年论坛进行总结

**关键词 1：祝贺**

邢毓静主席向此次论坛的成功举办，向获奖交流展示的五个青年课题组，表示热烈的祝贺！同时，也向全系统热情参与青年课题组和青年论坛活动的青年朋友们、向总行和兄弟机构的鼎力支持与热心参与、向各位评委专业到位的点评，致以衷心的感谢！

**关键词 2：倍感荣幸**

一是感谢总行团委选择深圳，作为人民银行青联主席和深圳市中心支行党委书记、行长、国家外汇管理局深圳分局局长，在深圳欢迎各位嘉宾和课题代表、参与本届论坛，倍感荣幸。

二是能和人行系统的青年人才共同成长，倍感荣幸。邢毓静主席介绍，她与青年课题、青年论坛结缘在 2012 年，亲眼见证了青年课题、青年论坛平台的不断成长，亲身参与了课题的评选，不断看到新的研究成果，发现新的研究人才，和人行系统的青年人才共同成长，荣幸之至。据不完全统计，自青年课题组活动开展以来，人民银行系统组成青年课题组一共 23 173 个，参与青年课题组的青年人次达到 88 902 人次，完成课题超过 25 725 篇，课题获奖 789 篇，涌现出一大批学习型、专家型、研究型的青年人才。

三是深圳中支广大的干部职工能获得这样一次难得的学习机会，倍感荣幸。邢毓静主席指出，青年论坛在深圳举办，使得深圳中支的广大干部职工有机会和系统内一流的课题组进行当面的交流，有机会和总行，以及北京大学一流的业界专家，进行课题的交流和专业的提问。这让中支的广大干部职工体会到了压力，看到了差距，同时，通过提问也看到未来的潜力。这是一个难得的学习机会，必将对提升深圳中支的学术研究水平和政策研究水平，深圳中支广大的干部职工感到非常荣幸。

金融鹏程 大讲堂

**关键词 3：下一步的思考**

结合近一年多来世界经济金融领域发生的众多不确定事件，邢毓静主席就不确定性的时代和条件下，如何开展中央银行学术研究和政策研究,与大家进行分享。

邢毓静主席首先向大家介绍了五本书,《不确定世界的理性选择:判断与决策的心理学》[雷德·海斯蒂、罗宾·道斯]、《风险、不确定性与利润》[弗兰克·H.奈特]、《不确定条件下的投资》[阿维纳什·迪克西特和罗伯特·平迪克]、《反脆弱:从不确定性中获益》[纳西姆·尼古拉斯·塔勒布]和《在不确定的世界》[罗伯特·鲁宾]。

邢毓静主席指出,这五本书都是与如何应对不确定性密切相关的,第一、四本书,强调不确定条件下理性的重要性;第二、三本书,主要介绍在不确定性条件下,投资应该做什么、如何做才能确保利润;第二、四本书,也同时强调了恒久的重要性,联系到我们青年研究者,就是要持续地做研究;第五本书是应对不确定性成功的案例。

邢毓静主席表示,在不确定性不断增多的新形势下,这些书籍介绍的经验和案例,对央行青年如何做好研究、如何有效履职,有

金融鹏程

重要借鉴意义。我们央行的青年研究者，要继续秉承理性的思维，秉承恒久的心态，围绕着央行的履职，把研究工作做深做实。

最后，邢毓静主席寄语所有广大青年课题的参与者，希望大家在今后孜孜不倦对金融问题探索的里程中，不断积累市场经验，找到值得为之付出的专业研究领域，以新的视角、新的观察、新的动能作恒久、理性、围绕履职持续的研究，相信在不久的将来，一定能够看到央行青年研究人员更多的研究成果。

录音整理　程振华

金融周期看经济

**彭文生**，光大证券全球首席经济学家，研究所负责人。

2015年1月至2016年7月任中信证券全球首席经济学家，研究所负责人。2010—2014年任中国国际金融有限公司首席经济学家。2008—2010年在巴克莱资本任首席中国经济学家、董事总经理。1998—2008年任职于香港金融管理局，先后任经济研究处和中国内地事务处主管。1993—1998年任国际货币基金组织（IMF）经济学家。

1966年出生于安徽省。1986年获南开大学经济学学士学位，1988年和1993年分别获英国伯明翰大学经济学硕士和博士学位。1986年曾就读于中国人民银行研究生部。现受聘为清华大学五道口金融学院研究生导师和南开大学兼职教授。2013—2015年连续三年获《亚洲货币》（Asia Money）宏观经济研究第一名。2016年入选国家"千人计划"长期创新项目。现担任香港外汇基金咨询委员会货币发行委员会委员，中国金融40人论坛成员，首席经济学家论坛副理事长。

主要研究领域是宏观经济和金融，在国际学术期刊发表多篇论文。中文专著《渐行渐远的红利——寻找中国新平衡》在2015年获第一届孙冶方金融创新奖著作奖。出版英文著作"*Business Cycles: Theory and Evidence*"，Blackwell Publishers, 1993（《经济周期：理论与实证》合著）；"*Currency Internationalization: Global Experience and Implications for the Renminbi*"，Palgrave Macmillan, 2009（《货币国际化：国际经验对人民币的启示》主编）。

# 金融周期看经济

**【编者按】**

2016年12月23日下午,"金融鹏程大讲堂"第6期邀请了光大证券全球首席经济学家彭文生博士作题为"金融周期看经济"的专题讲座。彭博士从金融周期角度分析了国内和全球经济发展趋势,比较了不同经济体的经济周期特征及政策搭配,视角新颖、观点独到。

**【核心摘要】**

金融周期存在于金融自由化的时代,不同于经济周期,因其明显的顺周期性特征,金融周期一般持续时间较长,15~20年。当前金融周期存在的问题是资产泡沫、金融危机和贫富分化。

美国已进入新一轮金融周期的初始扩张阶段,欧洲尚处于上一轮金融周期的调整阶段且未有明显见底迹象,日本经过长达十多年的痛苦调整期后,本轮金融周期相对比较温和。国内的金融周期较为复杂,2013年出现拐点后未充分调整又重回扩张阶段,目前处于金融周期的调整前期。

借鉴国际经验,未来几年,当中国的金融周期进入下半场调整时,应配以紧信用、松货币、宽财政的宏观政策环境。紧信用即银行信贷有所紧缩,包括银行惜贷、宏观审慎管理、去杠杆,在紧信用的前提下松货币以支持经济。

未来中国经济有三方面的改革非常重要,一是大力促进生育力回升;二是进行公平导向的财政税收制度改革;三是政府主导投资人口年轻的经济体。

很荣幸今天向大家汇报我对宏观经济的看法，我今天讲的题目叫"金融周期看经济"。传统意义上的经济问题，包括市场、汇率等，是从经济周期的角度来看的。为什么现在要看金融周期呢？过去几十年是一个金融自由化的时代，金融周期只有在其发展不太受政府的压抑、管制才会出现的时代。所以我今天想从回顾历史开始，来看我们今天处在什么样的时代。

## 西方经济史中的金融周期：当前问题是资产泡沫、金融不稳定和贫富分化

在20世纪30年代大萧条之前，古典经济学、自由市场的理念占主导地位，政府干预少，市场的主要特征是金融自由化，存在的问题是资产泡沫、金融危机和贫富分化。这些问题不断积累膨胀，

最后导致1929年股市崩盘及随后的三十年代大萧条。

大萧条后，经过第二次世界大战，人们对经济金融的认识有了很大转折，凯恩斯的"大政府、大银行"理论开始抬头并逐渐占主导地位。凯恩斯主张的大政府即财政扩张，大银行即中央银行。中央银行对商业银行、金融机构进行严格的管理，对经济的管理功能大幅增强。哈佛大学教授 Kenneth Rogoff 曾经写了一本书 *This Time Is Different*，梳理了西方国家过去几百年的金融历史。Rogoff 教授发现，在资本主义市场经济史中，只有20世纪50年代、60年代因政府管制太严、金融过度压抑，没有发生过金融危机，在此前后都发生过金融危机。但政府干预太多又会导致效率低、市场短缺、供给不足、通货膨胀等其他经济问题。

进入70年代，通货膨胀和短缺性经济达到顶点，出现滞胀，人们又开始反思政府干预过多。80年代初，古典经济学重拾主导地位，全球经济又回到市场化、自由化状态，我们称之为新古典经济学。其带来的结果是，过去几十年似乎又回到资产泡沫、金融危机和贫富分化的状态。

在此背景下，2008年的金融危机再次引发了重大反思。事实上，类似的金融危机在80年代初的金融自由化阶段初期已出现，如80年代拉丁美洲债务危机、90年代初北欧金融危机、1997年亚洲金融危机。西方主流观点认为，这些地区或国家发生危机的根源在其治理机制、金融监管存在缺陷，并不代表主流，没有普遍意义。直到2008年美国次贷危机出现，人们才认识到，金融危机不是某些国家或地区的特有现象，不是少数国家管理能力、治理机制的问题，而是整个资本主义市场经济环境内普遍存在的问题。

2008年金融危机后全球反思并达成的一个共识就是要加强监管。30年代反思的结果是美国的《1933年银行法案》颁布，这一次反思的结果是美国通过了《多德－弗兰克法案》，该法案虽没有让银行回到分业经营，但对于银行混业经营的边界梳理、职能监管等都有明显加强。近年来，国际投行很多业务部门都在裁员，但合规和法律部却在扩张，作用就是实现该法案约束下的合规经营。

那么，现在我们处于一个怎样的时代？我们处在一个资产泡沫、金融不稳定、贫富分化的时代。这几年法国经济学家的《21世纪资本论》受热捧的原因就是它反映了社会现实。上一次资产泡沫、金融危机和贫富分化带来的是东方暴力革命和西方政府加强干预。这一次会怎么样呢？

美国最近有研究发现，美国金融危机后，虽然财富差距、收入差距在扩大，但可支配收入差距并没有扩大，即将税收和政府转移支付考虑进去后居民的可支配收入差距没有拉大，危机前后富人和穷人的消费差距没有扩大。这说明美国财政税收制度在保障社会基本生活方面有所改善，此次危机与30年代的区别可能在于政府的基本保障制度发生了改变。当然，经济、社会依然存在矛盾，如右派势力明显增加就是社会矛盾的体现。未来几年，我认为要系好安全带，因为不确定矛盾触发点在哪里，不知道哪个领域可能出现问题。同时，要深刻认识到现在的问题就是资产泡沫、金融不稳定和贫富分化。

## 金融周期特征和作用机制：从数据看美欧日的金融周期

金融周期与经济周期有什么区别？分析经济周期时，我们一般看GDP增速、通胀水平，而金融周期则看银行信贷、房地产价格。经济周期的时间比较短，一般几年左右；金融周期时间比较长，按

金融鹏程 **大讲堂**

国际研究总结，一个完整的金融周期可能持续 15~20 年。

金融周期有明显的顺周期特征，从银行信贷和房地产价格两个代表性指标来分析可见一斑。房地产是银行信贷的重要抵押品，土地、房屋作为抵押品和银行信用是相互促进的过程。银行信贷扩张、土地价格上涨、抵押品价格上升，银行贷款更易获得，从而房地产价格进一步上升，这样循环反复直到泡沫破裂，金融周期进入下一轮的调整。下一轮调整同样是顺周期的强化过程，房价下跌、抵押品价格下降、银行的存量贷款风险增加、银行惜贷、房市进一步萎缩，直至见底。

在金融周期中，可将债务人大致分为三类。第一类是稳健型债务人，其现金流能覆盖债务的本金和利息，典型代表是家庭住房按揭借款人。第二类是投机型债务人，其现金流能付利息但付不了本金，典型代表是银行，再好的银行面临储户都把本金提出也会崩溃，因其业务本身就存在期限错配问题。第三类是庞氏债务人，其现金流不仅无法支付本金，也无法支付利息，需要借新债还旧债。典型代表是房地产开发商，现金流非常不稳定。

金融周期的早期阶段，整体经济比较健康，稳健型债务人占比较高。随着经济的繁荣，房地产升温，风险偏好上升，杠杆率日益上升，投机型、庞氏型的债务人占比逐渐增加，最终到达触发值，爆发金融危机。近日，债券市场波动较大，表面上看是技术性原因，实际原因是之前信贷扩张过快，以致于新增贷款稍紧市场波动性就扩大，债务链资金供求就失衡。债务问题是现在面临的大问题，去杠杆是供给侧改革工作的一个重点，如何去杠杆，争议很大。未来几年，包括债转股都存在很大争议，是市场化还是政府干预主导？我的观点是不存在完全市场化的债转股，债务本身就是一个纠纷，纠纷必须由政府、法院或其他第三方来做一个评判。

## 金融周期看经济

根据银行信贷和房地产价格，我们模拟了几大经济体的经济周期状态，估算了美国和中国的金融周期，发现二者几乎是反过来的：美国往上走时，房地产价格上升、房地产市场繁荣、银行信贷扩张，往下是向下调整，进入几年痛苦的调整期。而美国的调整期，恰是中国金融周期的繁荣阶段，银行信贷大幅扩张、房地产繁荣，从这点来讲，可以说中国金融周期的繁荣挽救了美国金融周期甚至是全球经济的衰退。

这几年美国进入新一轮金融周期的开始阶段，信贷扩张、房地产价格上升，宏观经济相对较好，所以美联储开始加息。而中国似乎在探底，探底肯定不是好事，说明风险大。其实2013年曾是个拐点，实际中国金融周期下半场的拐点比较明显，2014—2015年上半年整个信贷节奏放缓、房地产价格下跌，我认为当时是比较理想的金融周期下半场的调整状态。但遗憾的是，今年信贷再次扩张、房地产价格飙升重新把我们带回金融周期的扩张阶段，背后蕴藏着更大的风险隐患。

欧洲的金融周期没有明显见底迹象，欧洲整体经济有所改善，但金融层面的银行体系存在问题，如意大利的银行坏账问题。日本的金融周期特点在于形成一个温和的平台，1991年，日本泡沫破灭后进入长达十多年的金融周期的痛苦调整阶段，直到2005—2006年才开始上行，主要体现在银行信贷修复、房地产价格平稳，这一轮的金融周期则相对比较温和。

## 中国金融周期下行的宏观政策：紧信用、松货币、宽财政

未来几年，中国的金融周期进入下半场调整时，需要什么样的宏观经济政策环境？我认为，从美国、欧洲、日本的国际经验看，应该是紧信用、松货币、宽财政。紧信用就是银行信贷有所紧缩，包括银行惜贷、宏观审慎管理、去杠杆，在紧信用的前提下要支持经济而松货币。中央银行的松货币政策体现在降低利率，央行资产负债表扩张，支持财政扩张。危机后，西方国家实行了量化宽松政策，过去两三年欧美财政都是紧缩的，所有支持经济的压力全部转到货币政策上。特朗普政府上台后，想要改变现状，主张增加财政政策力度，降低经济对货币政策的依赖。

财政政策和货币政策到底哪个更有效呢？宏观经济学典型的开

放经济模型中,浮动汇率制下货币政策有效,财政政策效果则相对有限。放松货币政策导致利率下降、汇率贬值,贷款成本降低刺激内部需求、货币贬值刺激外部需求,双重保障提升整体需求。浮动汇率制度下搞财政扩张,刺激内部,实际增加了资源需求,利率上升,汇率升值,外部需求减缩。只有全球都实行财政扩张,或者说要使美国的财政扩张有效,需要所有经济体都进行财政扩张,才可能对全球经济有明显的拉动作用。

过去几十年,主流宏观政策框架基本是货币政策为主,财政不应成为经济周期的调控工具。财政应该注重中期平衡和可持续性,所以美国两党的纠结集中在财政的可持续性上,如果特朗普要推行大力度的财政扩张刺激,可能又有一个很强的释放效应。我判断,未来几年,全球财政扩张可能成为一个新的态势、新的生态。当然每个国家财政的扩张力度不同,可能带来汇率问题。

说回国内,为什么中国的金融周期进一步扩大,为什么2016年信贷大幅扩张?主要是宏观审慎监管宽松,体现在两方面:一是取消存贷比约束。2015年7月存贷比约束取消后,下半年的贷款成本迅速下降。在当今中国经济背景之下,存贷比约束固然有其问题,但作为一个监管工具,存贷比对信贷的约束功能非常有效。二是房贷首付比降低。事实上,从2015年下半年开始,房贷首付比已经在下降。依据国际经验,房贷首付比是最有效的宏观审慎监管工具之一。为什么房贷首付比很重要?因为它既约束银行,也限制了买房者。今年的问题出在房地产,出在银行信贷。我认为,未来几年经济形势不太乐观,从房地产和金融层面来看,国内的调整才刚开始甚至还没开始,未来还有几年痛苦的调整过程。

## 中国经济面临"类滞涨":供给制约、环境制约、通胀预期

房地产和基建投资是今年稳增长重要的支撑点。仔细想一下,经济短期的企稳一点也不奇怪。信贷扩张多了,经济自然就会起来。信贷和货币不一样,正常情况下,信贷投放永远是和支出、计划联系在一起的,要么涉及消费和投资,要么就是买房子和其他资产。它就是一个花钱的计划。计划效率有高有低,但或多或少能拉动实体经济,最近两个月信贷扩张还是很厉害,钱放出去以后有滞后的支撑。我估计明年上半年的经济没有什么大的问题。但我的观点是明年我们面临一个"类滞涨"的问题,这当然谈不上是20世纪70

年代的滞涨，所以称为"类滞涨"，意思就是信贷投放对通胀拉动的影响比增长影响要大。明年的增长可能不会有明显的下滑，也很难有一个较大的反弹，但是通胀会起来，能起来多少不确定，但是方向很清楚。

关于原因我有两个考虑：第一，我认为中国的潜在增长率在持续下滑，只不过这两年被需求的疲弱掩盖了。大家注意力都放在需求上，其实供给端在放缓。我有一个基本的判断，未来两三年或者更长时间，供给制约的作用会凸显，除非金融周期有明显的下调（房地产泡沫破灭，信贷萎缩，但在这种情况下，意味着我们中国的经济在短期内有比较明显的下滑），否则供给的限制会体现出来。我认为这几年人口的变化，以及房地产价格上升对其他行业的挤压，对经济潜在的增长力拖累，这种状况一直在持续，只是我们观察不到而已。需求稍微起来一点，稳定一点，供给端制约的影响就会体现在价格上来。第二，环境的制约其实就是"类滞涨"，意味着价值上升，增长的潜力下降。我认为环境的制约跟潜在增长的制约，以及金融周期都有关系。这几天很多厂子由于环境因素停办，是一个供给的冲击，价格就起来了。所以人口、房地产成本挤压，导致潜在增长力下降，再加上环境的制约越来越明显，以及通胀预期。所有这些因素结合在一起，就形成了这种"类滞涨"。

## 从金融周期看利率影响因素：人口、储蓄、投资和贫富分化

2017年宏观政策思考，不仅要看经济周期，也要看金融周期。中央经济工作会议提出稳建中性的货币政策。稳健中性比去年的稳

健要更偏紧一点。但这个偏紧到底是紧信用还是紧货币？我认为从金融市场来讲，要观察央行到底怎么操作：通过宏观审慎监管就是紧信用，通过典型的货币政策就是紧货币，这是两个不同的体现。如果信贷不紧，货币就很难松，甚至要紧。因此我认为关键要看信贷，如果没有明显的放缓，利率就很难下来。按照金融周期的理论，一般到金融周期的下半调整阶段，利率应该是降下来。信用紧货币松，信用是货币的需求，货币是信用的供给，中央银行的货币是货币的供给，紧信用意味着货币需求少了，央行的货币供给多了利率自然就下不来。但在这里也需要考虑到其他因素的影响。

这几年到底是什么因素影响了利率问题？从本质上讲，全球的低利率状况反映了经济不好。对此一般有两种解释：一个是从金融周期来解释（即凯恩斯的解释），从货币经济学和金融周期的角度来解释为什么出现大萧条。在美国的金融危机以后，这也是主流的观点。还有另外一种是从人口角度来解释。20世纪30年代美国一位经济学家认为，股市崩盘以后美国萧条的持续时间长与人口有关，30年代从欧洲到美国的移民大幅减少，而之前这些移民是美国经济较大的支撑。这是典型的古典经济学，是从基本面解释。这次全球金融危机以后大衰退同样是这两派：一是凯恩斯派，从金融周期的角度来解读；还有一派是从古典经济学基本面通过人口的问题来解读。上一次是美国移民减少，这一次是人口老龄化，劳动力供给减少。过去几年，美国十年期收益率与低储蓄人群对高储蓄人群的比例几乎是一个完美的匹配，但最近这几年出现了背离，按照美国的人口结构的比例，利率是要跟着大幅上升，但实际上利率是往下走的。一个解读是金融周期去杠杆带来过分储蓄，同时中央银行的量化宽松，直接购买国债，将国债的收益率下拉。如果按照这种解读，意味着美联储要回归正常的货币政策，利率要大幅上升。但这里面还出现一个新的情况，美国此次低储蓄人群上升与上一次20世纪60年代、70年代低储蓄人口的上升，人群的来源不一样。上一次上升主要是25岁到34岁年轻的低储蓄人群，而这次主要是65岁以上的老人。中国同样面临这个问题，中国按照人口的结构来讲利率也应该往上走，从图上看拐点已经发生了，但是人均寿命延长了，而退休年龄没有延长，导致老人退休以后不敢花钱。而且下一代就不好过，他们要养很多老年人，没有精力和资源多生几个小孩。所以退休年龄延长非常重要。

利率下降除了人口、储蓄的影响外，资金需求也会对利率产生影响。我们投资是为了给年轻新增的劳动力配置就业工具。但大家看25岁到59岁之间的劳动力，中美都在下降，直接进入了年轻劳动力负增长时代，这才是中美投资疲弱的根本原因。年轻人越来越少，不需要那么多投资。所以我认为根本原因是人口的问题。

再就是贫富分化，贫富分化越来越大，对利率也是一个影响。穷人想消费没有钱，但穷人占人口多数；富人有钱消费，但是富人是少数。一个社会贫富差距越来越大，总体的消费力受到制约，储蓄率高，利率就下降，所以要把这几个问题放在一起看。特朗普的财政扩张政策，我认为对短期利率有刺激、提升作用。但是他的政策如果要加大贫富差距、反移民，那么还是有一些长期的因素使得我们相信美国的利率不可能大幅上升。

## 未来中国经济改革方向：促进生育力回升、改革财税制度、投资年轻经济体

利率问题其实就是经济问题，利率低说明经济出问题了。我认为，

金融鹏程

未来中国经济有三个方面的改革很重要。

第一是大力促进生育力回升。亚当斯密《国富论》里面有一句话被经典的引用,他说"一个国家的财富根本的标志是人口的数量"。供给侧改革我觉得最大、最重要的供给就是人口。

第二是进行公平导向的财政税收制度改革。我们财政税收制度非常不公平。我们税收60%~70%是来自于增值税和流转税。这样的税种对穷人是最不利的,因为穷人的消费占收入的大部分,没有什么储蓄。而高收入人群的收入大部分用来投资。经我们计算,中国流转税占税收的比例是最高的,发达国家也只有20%~30%,而且发达国家的流转税有特殊的安排,比如在欧洲、美国,基本的医疗和婴儿生活用品增值税、销售税都是减免的。所以财政税收制度改革是一个根本性的,结构性的改革,降低增值税,引进财产税、房产税。

第三是政府主导投资人口年轻的经济体。我是非常支持"一带一路"战略的。虽然有些人对"一带一路"战略的落实持怀疑态度,认为政府搞的项目不一定有效。我认为我们应该高度重视它的战略意识,"一带一路"的国家都是年轻的国家,印度、中东、非洲,我们在"一带一路"的投资实际上把中国的储蓄、中国的资金和年轻的人口结合起来,共同发展,互利共赢。

录音整理　师丽霞、王伟翔

# 美国宏观经济、政治形势及对中美关系的影响浅析

**黄小军**，1996年加入中国银行，曾先后担任经济分析师、高级经济分析师、部门主管、总经理等职务。目前担任纽约分行风险和内部控制委员会、资产/负债管理委员会、信贷评审委员会和新产品开发委员会的成员，中银集团研究专家网成员、中国国际金融学会理事和纽约经济俱乐部会员。

所领导的团队专注于美国宏观经济、银行业和金融市场的研究，在集团内研究领域享有较高声誉。作为中银全球研究课题组成员之一，还负责集团全球宏观经济和银行业季报的写作工作。积极参与美国地区战略发展规划制定和战略风险管理工作，近年来，带领新成立的战略团队完成了大量战略风险管理的基础工作，并按照HS的监管要求，积极配合中行的全面风险管理架构搭建工作。

加入中行前，黄小军曾先后就职于中、美证券业，并于1989年被选入深圳市资本市场领导小组，协助完成深圳证券交易所的筹备工作。曾参与三部金融业相关书籍的著述；作为专家被全球著名的"欧洲货币2005年年鉴"邀请为全球机构投资者撰写中国银行业的风险管理专文（英文）；被美国著名出版社Elsevier聘为新书评审专家。近几年，在国际金融研究、国际金融、银行家、金融博览等刊物发表大量的专业文章。

本科就读于中南财经政法大学，硕士研究生就读于武汉大学，在美国纽约城市大学伯鲁克商学院获得金融硕士学位。还分别获得纽约大学和宾夕法尼亚大学沃顿商学院的投资组合管理证书和银行战略管理证书。

# 美国宏观经济、政治形势及对中美关系的影响浅析

**【编者按】**

2017年2月17日下午,"金融鹏程大讲堂"第7期顺利举办。中国银行纽约分行战略及研究总监黄小军先生深入分析了美国宏观经济形势,全面解读了特朗普政府的一些政策主张,以及这些政策主张可能带来的不确定性,深度剖析了特朗普新政对中美经贸和金融关系的影响。讲座内容丰富,观点专业独到。

**【核心摘要】**

美国宏观经济进入缓慢复苏阶段。一方面,占实际GDP达69%(2016年)的消费者支出以及投资领域内住房等建筑支出增长强劲;另一方面,固定资产投资、制造业和出口贸易却疲软,共同形成了2016年美国宏观经济的两面性特征。复苏步伐虽然缓慢,但美国经济近期重新陷入衰退的可能性很小。

不同于往届政府,特朗普具有鲜明强势、人格飘忽的个性特征,导致其政策制定难保持一贯性,市场预期不确定性增强。特朗普政府主张减税以减轻企业压力,扩大基础建设投资促进经济增长,放松监管给市场注入活力。

从目前观察来看,特朗普政府上台后中美关系贸易摩擦可能加剧、双边谈判难度加大,但形成全面贸易战的机率不高。美国退出TPP对中国来说是个机会,或有助于形成一个地域性的新合作方式,增强中国的话语权和影响力。

# 美国宏观经济、政治形势及对中美关系的影响浅析

非常荣幸有这个机会跟大家交流。最近中美关系,特别是特朗普新政府上台之后,给金融市场和国际金融形势带来了一些新的影响。怎样去看待这个情况呢?我们非常重视这个课题,它涉及未来四年乃至更长时间里中美经济金融关系问题。未来中美关系,特别是中美经贸关系、投资关系,对我们银行业在美国市场的发展、进一步的业务趋向都有非常重要的影响,所以我今天也想就这些问题跟大家分享一下。

## 美国宏观经济:复苏虽然缓慢,但重新进入衰退的可能性很小

总的来说,2016年美国经济复苏的特点是速度比较缓慢,全年增长率估计1.6%左右。第四季度的数据最后一次修正值是在3月出来,所以目前仍是预估值。

目前面临的环境是,2016年全球宏观经济整体放慢、英国退欧、特朗普当选新的美国总统、美国经济政策不确定等。从经济数据来看,占实际GDP达69%的消费者支出、投资领域内住房等建筑支出等依然强劲,但固定资产投资、制造业和出口贸易却疲软,形成了美国2016年宏观经济的两面性,这是很重要的一个特点。

未来趋势判断上,我们认为,消费支出未来一两年内还会上升。最主要原因是最近实际工资增长率有所上升,另外,美国家庭部门的去杠杆已基本完成,可能慢慢开始又会加一些杠杆,这是一个基本判断。工业方面,我们认为也比较温和乐观。特朗普上台之后,最主要的一个关注点是基建投资,加上美国制造业的"回岸"影响,都会拉动美国制造业的增长。因此,综合这两大块来看,未来美国

经济发展趋势还比较乐观。

数据显示,美国此次经济复苏步伐缓慢,主要是受累于2008年危机的严重性程度。一是美国的非农就业周期拉长。从2009年经济危机结束到现在一直在恢复,但恢复速度比较缓,时间也比较长,这是本轮经济周期恢复的一个重要特点。二是上轮经济危机带来的长期失业率为第二次世界大战后最高水平。所谓长期失业是指27周以上的失业,这导致经济完全恢复难度很大。三是本轮危机后潜在GDP与实际GDP产生了巨大缺口。复苏过程中这个缺口虽然在慢慢收拢,但仍然比较大,主要原因在于,2008年到2009年经济危机后的主要任务是去杠杆,与1930年至1933年那次最大程度的去杠杆相比,这应该是美国历史上规模第二的去杠杆过程,而去杠杆时期的经济恢复往往比较缓慢。

美国经济复苏主要体现在股市和失业率上。从股市来讲,标普500正处于历史第二长牛市中。2009年到现在,美国牛市大概持续了7.9年,约2 893天(数据截至2017年1月31日);历史上最长的牛市是1987年至2000年,持续时间长达4494天,约12年。此外,2016年第四季度,美国失业率已降低至4.7%附近。

另外,对美国经济复苏的持续时间进行统计,这次美国经济复苏从2009年到现在共7.5年左右。很多人说这次美国经济复苏已经近8年,时间这么长,是不是该结束了?实际情况是,无论是与美国历史数据还是全球数据相比,都不算长。纽联储根据三个月和十年期国债息差建模测算美国经济衰退的概率,结果显示当前美国经济陷入衰退的概率非常低。

目前,美国先行经济指数在稳步上升,相关数据也显示美国房地产基本上恢复至2008年的状况,如席勒房价指数基本回归到危机前水平,家庭人均杠杆率也已降至健康水平,从最高峰的98.5%下降到目前的80%，去杠杆目标某种程度上已基本实现。综合这几个方面来看，美国经济复苏的趋势还将继续。

与此同时，我们也不能忽视未来影响美国经济复苏的负面因素。从美国GDP构成来说，消费非常强劲，但政府和企业投资及进出口方面相对薄弱，会拖累经济复苏的强度。制造业、工业方面较弱的原因主要有几个，如私有部门投资利润率不高、再投资意愿较低等。受长期低利率影响，企业把利润目标转向股票回购和分红上，对进一步扩大企业投资起到了一定阻碍作用，这是周期性的短期因素。从长期来看，劳动生产率较低，人口结构老龄化是拖累美股经济复苏步伐的主要结构性因素。此外，一些外围因素特别是这两年欧元区金融业疲软，再加上新兴市场的风险溢出效应等，都会不同程度地阻碍美国经济复苏。

## 特朗普时代：强势个人性格特征带来政策预期的不确定性

特朗普击败希拉里当选美国总统主要有四大原因。第一，美国2008年经济危机的严重性造成了许多社会不满情绪，如民众对政府用纳税人的钱去救助大银行大保险公司不满；第二，全球化、高科技及自动化等导致美国贫富差距拉大、制造业工作流失等诸多不平衡问题；第三，生产率长期低迷，实际工资增长率没有上升，造成大量劳工阶层、中产阶级面临生存压力；第四，移民、种族、贫富差距、年龄组群等社会问题严重，社会矛盾不断尖锐化。这些都是促使特朗普上台的原因。

特朗普的核心价值在他竞选第一天的发言里就表达得很清楚，

要让美国第一，让美国再次强大，这是一个很重要的信号。不同于往届，特朗普政府带给大家非常不确定的感觉。特朗普的性格特征太强势、直率、精力旺盛，有强烈的主观见解和极强的表现欲，有着实用主义、商业交易思维方式，人格飘忽并不断挑敏感问题在推特上测试民众反应。上任后短期内就签署了多项总统令，就目前对特朗普的观察来看，不确定性是民众的普遍感受。

特朗普上台后最关心的问题有几个：第一，如何减少贸易逆差，争取在与其他国谈判中取得优待条件，尤其强调一对一的谈判，而不是复杂的多边谈判；第二，如何让制造业回归美国，增加就业机会；第三，边境安全；第四，美元到底应该强还是弱。

## 特朗普政策：减税、扩大基建投资、放松监管是三大核心

货币政策主张竞选前后存在矛盾。竞选之前，特朗普明确反对低利率、主张加息，但他入主白宫后，内心也许不太愿意美联储更快地加息，对美国经济增长形成阻碍。事实上，货币政策的执行者在美联储，毫无疑问，美联储将继续保持其独立性。我们认为，下一步，美联储的货币政策动向分两步。一个是传统货币政策的正常化过程，几年前就已开始，但真正落地是2015年底的首次加息，2016年进行了第二次加息。主要通过短期可控的联邦资金利率调整来进行。第二个是非传统货币政策的调整，即QE，也就是量化宽松政策，主要是通过中长期购买债券影响收益率曲线的方式调整市场利率。政策实施过程是实行QE建表、退出QE缩表，这将是未来的一个发展途径。目前，缩表时间预计得到2018年，尽管内部讨论有

少数声音认为要尽快开始缩表,但大部分声音认为还需等一段时间才能缩表。

积极的财政政策主要体现在减税并扩大财政支出。特朗普倡导减税,核心政策主要集中在两方面:一是削减企业法定所得税率,提高企业留存利润用于再投资;二是以低税率鼓励跨国企业将超过2 000亿美元的海外资金汇回美国境内,以海外利润促进本土投资。减税在供给学派里很重要,通过减税可以刺激企业投资欲望。特朗普政府主张增加基础建设投资,我们认为大概率事件会发生,但存在一定阻力。一方面,美国的立法过程比较冗长,政策落实需要一定时间;另一方面,扩大财政支出面临债务上限挑战,基建投资的资金来源缺口最终可能会通过私营部门来解决,特别是在特朗普政府面临着预算实现比较难,且实施时间比较长的情况下。

整个税收改革里,争议最大的就是边境税。特朗普针对边境税提出了一个新税种,它的特点是建议向美国进口企业以所得税税率征税,同时对出口企业免征税。这个税收方案一旦通过,不仅会使美国通胀飙升,同时会消除特朗普一直在意的美国贸易赤字。根据德银的研究分析,这对美国贸易的影响或许相当于美元一次性贬值15%。

美国的货币政策处在上升、正常化的轨道,财政政策则是一个刺激轨道,两者有一些抵消作用。因为货币政策趋于收紧,财政政策却越来越宽松,从这里也可以看出特朗普对货币政策的矛盾心理。

主张一对一谈判的贸易政策,回归相对保守的全球化策略。美国贸易赤字2008年达到最高,近几年有所下降。14个主要贸易伙伴中,美国对华贸易赤字最大,其次是墨西哥、德国、日本和加拿大。高科技的自动化、全球化对美国制造业产生极大冲击,而这部分受害群体是特朗普当选总统的关键支持者。特朗普上台后在贸易政策

方面做了较多改变,如退出跨太平洋伙伴关系协定(TPP),重新谈判与加拿大、墨西哥之间的自由贸易协定,挑选鹰派的贸易政策团队,责令财政部将中国认定为汇率操纵国等。

如何看待特朗普的贸易政策?目前大家有很多不同的见解。我们认为,作为其最大贸易逆差国,最坏的情况就是中美两国贸易关系崩掉,中资银行无法在美国做业务,这是我们最不希望看到的情况。但我们宁愿稍微乐观一点来评价特朗普未来的贸易政策取向,特朗普反对的可能并不是经济全球化本身,而是民主党执政期间过于激进的自由贸易政策。奥巴马在位时,实施了非常激进的自由贸易政策,牺牲了许多企业,甚至一些行业的利益,如农畜产品、汽车零部件、衣服鞋帽等行业,必然会造成强烈反弹。因此,从这个角度来说,特朗普要做的可能是回归相对保守的全球化策略,强调一对一的谈判,然后谈出一个对美国比较有利的结果,而不是一个像TPP这样一个多边的谈判。目前,这一方面的具体面貌尚不清晰,有待继续观察。

大范围放松监管,落实时间和实施细节仍存在不确定性。实际上,特朗普政府的监管放松政策不仅是金融监管的放松,还包括能源、环保、教育这几个领域。金融监管方面,对于多德-弗兰克法案,不管是美联储还是其他方面都有很多不同声音,完全把它取缔的可能性比较小,可能出现的情况是对其中某些条款进行一些调整。

美国历史上最严监管周期出现在格拉斯-斯蒂格尔法案之后,当时要求银行业采取分业经营,持续时间长达60多年,而这次新的监管周期是从2008年经济危机之后开始的。美国整个银行业、金融业处于一个监管、去监管、再监管、再去监管的历史螺旋循环过程,因此,我们认为这次监管周期也将非常漫长。如果说特朗普在两院和国会的配合下,能果断对多德-弗兰克法案做出比较大的修改从而放松监管的话，这对我们金融业来说将是一个额外的喜讯。

外交政策方面，最近我们准备会同国内和美国智库进行三方深入研究，从军事、政治等方面分析特朗普政府的潜在外交政策。

对特朗普的政策做一个总结性分析的话，就是或许我们将看到货币政策慢慢正常化（收紧）；贸易投资政策、移民政策迅速收紧；外交地缘政治风险升高且会继续上升；而财政政策将慢慢放松；监管政策或将快速放松但去监管效果可能会慢慢展现。

## 未来中美关系：存在诸多不确定性，但基调仍比较正面

特朗普政府这些政策实施之后，或即将实施之前，对中美关系有哪些影响？

金融鹏程

目前来说,他做了几件有利于中美关系的事。第一件事是驻华大使的选定,他选定的布兰斯塔德实际上是习主席多年的好友,外交界人士和贸易专家认为将会缓解中美两国的紧张贸易关系;第二件事是春节期间他虽然没有按照以往美国总统的方式,发一个公开声明祝贺中国新年,但他让自己的女儿及外孙女到驻美使馆祝贺中国新年;第三件事实际上是最具建设性的,特朗普最近跟习主席通了一则电话,且电话后他在美国国务院一个正式的答记者问上说明他对中美关系包括认定一个中国方面是非常肯定的态度。当然,也有不利的事情,如最早跟蔡英文通话、任命鹰派的经贸部长和总统顾问。但整个中美关系的基调,我们认为还是正面的。

关于特朗普新政府对中美关系的影响,我们有这样几个基本判断。第一,贸易摩擦一定会加剧,但全面极端的贸易战爆发的概率比较低。现在的贸易形态实际上是一个全球的供应链,一旦发生贸易战,美国处于全球贸易链上端的公司如苹果等,都会受到很严重的负面影响。第二,特朗普的新贸易政策会更加注重双边贸易谈判,而不是多边的。第三,特朗普政府最近放弃TPP协定,但并不代表他放弃经贸规则的影响力,他可能会通过其他形式发挥美国的竞争力。第四,区域全面经济伙伴关系(RCEP)对中国来说是一个机会。因为美国退出TPP,中国可以充分利用这样一个机会,形成一个地域性的新合作方式,增强中国的话语权和影响力。

投资方面,中美BIT双边投资谈判难度会慢慢上升。美国国会下属美中经济安全审查委员会(USCC)专门负责对中美投资并购进行审议。USCC最近提出一项建议,禁止中国国有企业在美国收购企业取得有效控制权,特朗普一旦接受这个建议,将对我们国有企业在美收购业务产生严重影响。当然,投资方面也存在机会。如果美国继续扩大基建投资,资金缺口将主要来自私人部门,这对中国私营资本 PE、VC 等将是非常好的参与机会。

## 美元汇率走势：人民币对美元汇率不存在中长期贬值基础

最后我想谈一下美元走势。特朗普上台后一直提到他不太喜欢美元的强势，他当时提出之后，美元出现大幅下跌。随后，耶伦提出货币政策的上升轨道，美元又出现大幅度上涨，所以这实际上是所谓的特朗普与耶伦之争。在国际市场上，美元指数 DXY 常用来综合反映美元在外汇市场上的汇率相对情况，衡量美元对一揽子货币的汇率变化程度。一揽子货币主要有欧元占 50%~60%，其次是英镑、日元等六种货币，但人民币暂未纳入其中。

人民币和美元这个话题比较敏感，但我认为这次人民币兑美元汇率贬值，特别是 2016 年底的贬值，是由于美元的相对强势造成的。假如人民币在资本账户完全打开的情况下，美元人民币汇率的均衡价值在什么地方，很难说清楚。但从中长期来说，人民币不存在贬值基础，我个人认为这是比较准确的表述。原因在于什么？我们可以从两个方面来看任何两种汇率的决定因素。

一方面，我认为是长期的结构因素，无非是看国家 GDP 的差距、人均 GDP 的差距。从美国和中国来看，二者人均 GDP 差距一定是越来越小，实际 GDP 的绝对差距也是越来越小的趋势。所以中长期来说，人民币往下较大幅度调整的可能性是比较小的。

另一个重要因素就是周期因素，即所谓的货币政策节奏的不一致性。很明显，2015 年到 2016 年美国联邦利率处于缓缓上升周期，而国内银行间市场利率水平已开始往上调，虽然基准利率没上调。

金融鹏程

我们把两者利差进行计算，大概可以看出未来短期内是什么样一个走向，这是我们分析的一个方法论。所以，一个长期看法，一个短期看法，我们觉得短期主要受货币政策的差异性，特别是由此带来的实际利差的影响而变化。

未来美元到底有多强，我们认为取决于：一个是经济本身基本面的因素；另一个很重要的就是特朗普的减税、扩大基建投资和放松监管三大法宝是否能很快对经济起到很强的刺激作用，这也决定了美联储加息或者收紧货币的节奏。

录音整理　师丽霞、张腾

# 存量时代、流通为王——房地产市场新常态

**杨现领**，经济学博士，链家研究院院长。先后从事宏观经济、房地产和互联网新产业的研究，在《国际经济评论》《财贸经济》《财政研究》等期刊发表论文10余篇，参与各项国家重点课题近10项，在城镇化、房地产等领域出版了多本著作，获2015中国青年金融学者奖。

**肖小平**，链家深圳研究院院长。

# 存量时代、流通为王——房地产市场新常态

**【编者按】**

2017年3月9日下午,"金融鹏程大讲堂"第9期顺利举办。链家研究院杨现领院长用大量详实的数据,多层次、多维度地分析了我国房地产市场的运行情况,我国房地产市场进入存量时代具有的特点和相关应对策略。链家深圳研究院肖小平院长全面总结了深圳房地产市场2016年的运行特点,并展望了2017年的发展趋势。

**【核心摘要】**

2016年,国内房地产市场出现了一场始于深圳,而后由南向北、由东向西、由中心城市到二线城市、再从中心城市到周边城市的全国范围内比较显著的量价齐涨。

房地产周期性或结构性变化集中表现于二手房市场。2016年全国二手房交易额在6.5万亿元到7万亿元之间,仅北京、上海和深圳的二手房交易额就接近3万亿元,排名前三十城市的交易总额接近5万亿元。

目前,房地产市场存量规模已经很大,按2016年的市值来估算,中国存量住房共有2.2亿套左右,最保守的估计,市场价值超过200万亿元,其中60万亿元集中在北京、上海和深圳。

一线城市改善型住房是刚需,首次置业占比越来越低。换房主体主要是70后和80后人群,通常是以小换大、以旧换新、以远换近,这是三个换房的基础逻辑,他们的换房行为对整个房地产市场的影响非常大。

深圳新房市场置业者趋于年轻化,中、大户型成交占比有所提升。租房市场因市场供应持续增加,预计租金将平稳运行。

存量时代、流通为王——房地产市场新常态

很荣幸今天有这个机会,把我近一年多来关于房地产市场的研究向大家做一个汇报。

## 二手房市场发展迅速,主要集中于一线、二线城市

中国的房地产市场改革其实是从深圳开始的,约二十世纪八十年代末,深圳招拍挂第一块土地,开创了中国土地市场化的先河。继深圳、广州之后,土地市场改革又蔓延到上海、北京。深圳崛起了很多优秀的房地产企业,如全球最大的房地产开发企业万科,与房地产产业相关的房地产服务型行业也始于深圳,例如上市公司世联行,也是非常优秀的公司。当今,市场化程度最高、产品服务能力最强的房地产开发企业和房地产服务企业几乎都是从广深两地开始发展起来的,可以说深圳是房地产市场的天堂。

然而,尽管1998年我国开启住房制度改革至今已有二十多年历史,但我们今天面临的困惑和不确定因素反而更多了。

什么叫中国房地产市场的基础性制度和市场规律?我们对这个命题的研究还不够。从全国看市场规律和从一线城市看市场规律是不一样的,而什么是一线城市特别是首都城市的市场规律和基础性制度长效机制?对此这些问题都需要深入的研究。总体来看,一线城市(如北京、上海)的房地产市场发展曲线和全国曲线是不同的两条线,二者的规律是不一样的,这也是我国房地产市场的一种现象。

2016年,中国创造了12万亿元之巨的房地产交易额,不仅绝对量大,增量也达到万亿级。所以有人开始怀疑中国房地产市场的基本面到底是否发生了变化?驱动力到底是什么?背后的逻辑是什么?

金融鹏程

2016年，我国房地产的总基调是去库存，然而市场却出现了一场始于深圳，而后由南向北、由东向西、由中心城市到二线城市、再从中心城市到周边城市的全国范围内比较显著的量价齐涨。这无疑会影响我们对房地产的基本认知框架。今天，我国的房地产市场到底处在什么样的环境？我们不甚清晰，而问题却不止于此！

但是从市场的实际情况看，我国房地产周期性或结构性的变化都集中表现于二手房市场，而非新房市场。2016年全国二手房交易额在6.5万亿元到7万亿元之间。分城市来看，仅北京、上海、深圳三个城市的二手房交易额就接近3万亿元，排名前三十的城市交易总额接近5万亿元，这说明二手房市场不仅发展迅速，且高度集中于一线和二线重点城市。

北京"930"调控政策出台后，短短的一段时间内房地产又起来了，为什么？背后的逻辑是什么？究其核心，我认为与房地产市场的结构性变化有很大关系。二手房主导的市场逻辑与新房不同，新房是一个B2C市场，因而存在调控开发商的逻辑，如管理开发商的预售证、资金链等从而达到预期的市场调控目的。而面对二手房主导的C2C市场，我们却不知如何更好地管理消费者预期。上面是业主，下面是买家，且通常同一个人可能既是业主又是买家，因为他可能既买房又卖房。在这样一个买卖双方高度分散又高度交织在一起的二手房市场里，价格形成机制是什么？政策在该市场的传导机制与传统市场非常不同，如利率变化、首付比例变化及货币政策的一系列调整对二手房市场业主、潜在买方甚至经纪人的预期都会产生非常大的影响。而它们是如何影响房价的呢？对此我们也缺乏相应研究。二手房市场价格形成机制、货币政策传导机制到底是怎么样的一个框架，这是我们需要研究的。

总结今年中央政府提出的房地产政策，可以概括为：以满足新市民（主要指大学生和流动人口）的购房需求为主要出发点；以建立一个购租并举的住房供应制度为主要方向；以市场为主导解决多层次住房问题；以政府为主导解决低端保障性问题。其中最重要的是第二点，以何种方式进行购租并举及购租比例关系如何。

当今，中国房地产市场的购租比例处于失衡状态。在美国，有35%的人租房、65%的人住自己的房子，住房自有率约为65%。金融危机后美国住房自有率每年下降一个百分点，而每下降一个百分点就意味着有一百多万的美国人从业主方变成租客方，租赁人口上升。日本的租赁人口占总人口的42%，因为日本房地产市场经历过三轮比较大的周期波动，被三轮周期洗礼之后的日本人民更清楚地认识到：房子是用来住的。

分城市来看，我们发现越是高房价城市、越是国际大都市，租赁人口占比就越高。纽约、旧金山、东京，租赁人口都在40%~50%，特别是纽约和旧金山都超过50%，伦敦也是一样，所以房价最高的地方一定是租赁人口占比最高的地方。而目前国内一线城市，如北京、上海、深圳，租赁人口占比还很低。那么什么才是合适的比例关系，以什么样的体制、机制和框架来促进这个比例关系的实现，这是需要我们去探索的。过去二十年，我国房地产金融的发展以促进房地产开发和促进消费者购买房屋为主，开发贷款和按揭贷款是金融对房地产市场的两个主要支持。

因此，结合以上几个维度看，金融与二手房及存量房市场的关系也是值得我们去研究和思考的。当国人开始租房的时候，如何促进租房市场健康发展？怎样支持年轻人实现收入周期与租金支付周期的匹配？这也是一个大问题。

金融鹏程

## 国内房地产市场存量规模庞大，盘活存量任重而道远

中国的房地产市场存量规模已经很大，如何对这样一个存量资产进行金融化？怎样进行流动性的释放？怎么去盘活这些存量？当前围绕房地产资产的金融服务都还不甚充分，许多创业公司在尝试这一块，但大金融机构参与的并不多。所以当前围绕租客和业主存量资产的金融服务都比较缺乏，有待进一步发展。

另外，就是围绕房屋交易的金融服务。房屋交易的本质是产权、资金和信息在同一时点上的交换和匹配，因此资金的流转就显得很重要。因为房屋交易无法做到一手交钱一手交货，它要求产权无瑕疵，再由第三方担保后才能实现房款兑付，若是所交易的产权有按揭，则情况更复杂。我国规定带按揭的房产是不能过户的，需要先帮业主还房贷以后再过户。这里存在一个转按揭而产生的资金需求，业内称为赎楼贷款。如何解决这个资金需求，也是我们需要考虑的问题。美国可以在有按揭的情况下直接过户，过户过程中需要产权保险公司参与以帮助买卖双方的按揭银行对接产权和资金。而目前中国是没有产权保险公司的参与，这也是大部分交易风险产生的地方，即产权的流动和资金的流动产生了不确定因素。这些都是我们在房地产市场还没有研究清楚的问题。

2016年全国房地产交易总额12万亿元，其中住宅11万亿元，商业1万亿元。11万亿元的住宅是如何产生的？其背后逻辑实际上是杠杆阶段性的提升。本轮杠杆驱动的交易额上涨非常明显，杠杆增速很快，因此绝对量并不高，杠杆的绝对值也不高，但增速比较快，

这是第一个现象。

第二个现象是我国一线城市的房地产市场处于价涨而量不涨的反常状态。以 2016 年北京房地产市场为例,表面上看北京市的成交量超过 10 万套,但其中大部分都是非商品住宅,而纯商品住宅只有 4 万多套,这与过去土地供应结构有很大关系。过去我国供应了大量的如保障房、自持型商品住房等,导致用于交易的纯商品住宅量比较低,而同期二手房交易量约为 26.9 万套,与新房交易量比为 27∶4,这是我国一线城市面临的一个较大困境。

而从长期看,各国或各城市的房价总体都是涨多跌少,全球各地区包括中国在内,房价上涨的年份远大于下跌的年份。背后的驱动事件是,过去几年全球范围内都经历了一轮金融上的量化宽松。这使得国际大都市的房地产市场大致经历了两种形式的住房危机:一是房价居高不下买不起;二是租金上涨租不起。这就是为什么国际大都市住房压力越来越大的原因。而中国房市面临的主要是第一种危机,租房市场的租金涨幅并不是特别大。另外,人口的集聚也是影响房地产的一个重要因素。而我国一线城市当前的人口集中度相对来说比较低,未来还有很大的上升空间,这也是过去一年北京、上海和广州深圳周边房地产市场出现大幅上涨的原因。

一线城市改善性需求是刚需,现在首置占比越来越低,大部分人买房是为了小孩上学、更便利的交通、更完善的配套设施、更大的房子等,这种换房逻辑导致我国房地产市场价格形成逻辑不同于以往。换房的主体主要是 70 后和 80 后人群,通常是以小换大、以旧换新、以远换近,这是三个换房的基础逻辑,他们的换房行为对整个房地产的影响非常大。

入市门槛越来越高。换房人想先把手里的房子卖掉,但是谁来接盘呢?所以当首置人群的购买能力越来越弱时,市场的传导链条开始产生问题。传导链条有一个比较单纯的预期,即房价会只涨不跌,首置人群动用一切力量凑首付款买房子,而一旦这个预期与实际不符,市场将很危险。B2C 市场里,开发商和政府的供给与需求调节能力都比较强,因为我们可以控制土地供应,控制开发商开盘、放盘速度,但这在二手房市场行不通。二手房市场缺少一个预期管理的逻辑,因此稳定就显得非常重要。

贷款比例逐渐提升,这在过去五年表现都比较明显。在北京,76% 的人使用贷款买房,贷款的使用强度约为 50%,而深圳贷款使用强度则远高于 90%。不同城市活跃程度不一样。深圳市场目前处于全国前沿,看全国的房地产市场,只需看深圳就够了,深圳什么时候开始停歇,全国就开始停歇,所以深圳市场任重道远。

## 房地产市场已进入存量时代,政策调控难度有所加大

当前我国房地产市场进入存量时代(存量房与新房相对应)。二手房市场增长更快,2016 年,我国二手房市场交易额 6.6 万亿元左右,增长迅速,快于新房,且主要集中在一线城市,二手房市场对全国的房地产市场影响越来越大。2003 年我们做了一个统计,北京当时新房成交量是 23 万套,二手房才 3 万套,现在完全颠倒过来了,新房是 4 万多套,二手房接近 27 万套。我们目前面临一个比较大的困境就是,在北京实施土地控制时,导致土地供应弹性不够,二手房库存和新房库存会同步收缩。这里既存在调控因素,也有一些市场因素。随着二手房交易规模的上升,因为交易风险的增大、交易面积的扩展、交易复杂度的上升,越来越多的交易必须依赖经纪人,

存量时代、流通为王——房地产市场新常态

经纪人的角色变得非常重要。

比较中国一线城市与美国一线城市的房地产市场会发现，我国房地产市场存在以下特征：一是市场的分散，宏观调控的逻辑发生改变。二是连环单比例越来越高，交易脆弱性增加。连环单是指卖房人A同时在买房，买房人B同时也在卖房，形成环环相扣的链条，目前以五连环和六连环居多。三是流通费率高，限制二手房流通。怎样扩大二手房供应、加快二手房流通，这是我国政策调控应该思考的一个方向。当前我国房地产调控政策都是调需求，很少会从供给侧进行思考，这是因为新房的供给侧调控比较困难，从土地拍卖到形成商品的周期大概是三年到五年。二手房的供应很灵活，但我国二手房供给侧的调控政策作用发挥却比较有限，因为在我国房屋持有环节不存在税负，流通环节的税却很高，导致人们愿意持有不愿流通，从而总体流动率比较低。而美国的情况却完全相反，美国是持有环节的税负很高，流通环节几乎没有税，所以他们不存在这个问题。

最后关于租房市场。租房市场与房地产市场的关系越来越紧密，这与我国提出的购租并举住房制度有很大关系。总体上我国租房人口占比低，租金水平也较低，租房市场还有很大的发展空间。我们提倡将租房变成一种生活方式，我们必须主动或被动的接受现实——买不起就租。

## 深圳新房市场置业者趋向年轻化，中大户型成交占比有所提升

2016年深圳房地产市场有两次调控，第一次在3月，第二次在

金融鹏程  大讲堂

10月。两次调控对楼市的影响非常大，尤其10月的调控，直接把深圳房价打下来4个百分点。租赁市场去年也非常惨淡，因为租金也出现了下降。东莞和惠州的市场状况又是如何呢？下面我将谈谈我的一些看法。

2016年全国一二手房市场总值约17万亿~18万亿元，深圳市场约占全国的十八分之一。深圳的消费者特别关心二手房市场的一个指标，即二手房交易占整个市场交易的套数比，深圳这一数值非常高，二手房交易约占七成。东莞二手房交易占全市场比例约40%，但在2010年就已差不多达到这个水平，说明在房价不涨的年份里东莞二手房交易市场也比较活跃，所以用这个指标来判断一个城市是否适合投资其实不太准确。惠州没有二手房市场数据，我们用惠城区的数据替代，发现该数值是30%多，但这应该比惠州的平均水平要高很多。2016年深圳批准预售房下降了约三成，但商务公寓和办公房产都有大幅增加，尤其是办公房产。奇怪的是，深圳办公楼的租金在下跌，而售价却在上涨。主要原因是深圳出了许多引人关注的大宗买家，一类是资金实力雄厚的个人，另一类是公司包括一些上市公司，他们在购买后一般将这些房产用作抵押质押，还有的用它来做一些运营产品再卖出去，这个操作目前很多公司还处于探索阶段。

按月度来看，深圳新房的成交量波动比较大，价格应该是先涨后跌，主要是调控发挥了作用，如2016年6月新房均价达到很高的水平，但随后政府调控抑制住了价格，深圳房价后续也有所下降。

前两年放开90、70政策之后，新房市场90平方米以上的成交占比上升，90平方米以内的缩小了七成左右。开发商倾向于做大户型，因为利润空间似乎更大。深圳的置业者逐步年轻化，市场开始出现95后购房群体，但主要还是25岁到33岁区间的群体较多，

而 95 后的套均总价最高。当然他们里面有一部分是房票，即他们的父母用他们的名义买豪宅，避免遗产税，如蛇口有几大豪宅团 95 后业主的占比较高。深圳贷款购房占比较高，达 90%，而北京约为 76%，一次性付款的购房者非常少。业主平均年龄比买家平均年龄约大五岁。红本在手的比例约为 36.9%。

## 深圳租房市场供应量持续增多，预计租金将低位运行

现在有非常多的投资客或普通市民意识到，手中房子可能要持有一段时间，甚至会长于预期，因此他们非常关心租房市场。2016 年租房市场租金回报率下降，因为房价上涨比租金上涨得更突出、更明显。2016 年套均月度租金出现波动，整体相对微小，但单位租金波动却比较大。主要原因是大家对面积的弹性比较大，租金高就租小一点，租金低就租大一点，调整非常灵活。

租金在 7 000 元以上的交易比较少，4 000 元以内或 5 000 元以内的房子是市场绝对主流，这也是市场上出现许多二房东或房中房的一个重要原因。小户型及低总价低套均的租金是市场的主流。近几年深圳租房市场成交占比，关外区域一直处于上升状态。罗湖区去年有回升，最重要的原因在于租金便宜。基本上租客支付能力与年龄成正比，越年轻的人支付能力越弱；但从均价来看，由于 90 后、95 后对住房品质的要求更高，他们承担的单位租金也高一些，这样看支付能力似乎要强于年长租客。

深圳 2017 年新房市场的高端产品入市压力会非常大，这里并不是说销售压力，而是它在价格控制的背景下可能会延后销售。莞惠

金融鹏程

市场依然会承接深圳的外溢需求，2016年东莞和惠州总共约卖了30万套新房，其中大概有七成是深圳人买的，这种状况还会持续下去。

　　预计租赁市场依然会比较严峻，因为供应量巨大。深圳的长租公寓，不论是个人还是公司的，供应还在持续增多。如原来的一些三房改造成五房、六房，或老旧公寓翻新，或原来的旧厂房改造成公寓，给市场带来很大冲击。一些个人业主也开始关注租房市场，以前房价没那么高，持有成本比较低、月供不高时，业主会任由房子空着，现在业主会简单装修后将房子租出去，以减少月供负担。另外，深圳还有一些首次置业者买房后不住，而是租给别人住，自己住租金相对较低的农民房。这类现象导致深圳整个市场租房供应比较充足。

录音整理　师丽霞、张瑞军

2017年货币政策与宏观利率展望

**明明**，中国人民银行研究生部硕士、社科院财贸所的博士，现任中信证券研究部固定收益的首席分析师。曾在中国人民银行货政司公开市场业务处和在二司的货币合作处任职。明明博士在货币政策流动性利率汇率等领域有着丰富的研究成果，曾经在中国金融、清华金融评论、中国银行业、金融理论与实践以及债券期刊上发表论文，并获得2012年人民银行重点研究课题一等奖，2014年人民银行重点研究课题二等奖，2012年国债杂志十佳作者等荣誉。

# 2017年货币政策与宏观利率展望

## 【编者按】

2017年3月15日下午,"金融鹏程大讲堂"第10期顺利举办。中信证券研究部固定收益首席分析师明明博士结合当前宏观经济形势,全面分析了债券市场的风险点和值得关注的问题。讲座内容丰富,观点专业独到。

## 【核心摘要】

分析2017年货币政策与宏观利率的框架主要分为三个方面:宏观经济基本面、货币政策和监管问题。2015年以来,宏观经济基本面面临的是一个上游与中游市场强劲,下游市场消费疲软的局面。从债券市场研究与交易的角度来看,近期市场机构最关注的可能是监管或者"去杠杆"的风险。宏观审慎评估的影响、银监会推出的理财新规、金融机构"大资管"的发展趋势以及近期同业存单发行价格的走高也是最近市场的焦点与热点问题。最后会更深入地探讨现在市场的核心矛盾和潜在风险。

在市场研究机构工作一段时间以来，我发现对于相同的信息和事件，市场内部会有截然不同的解读和反应。比如，李克强总理在"两会"政府工作报告里提出了下调GDP的增长目标和M2的增长目标。当我们在京沪深集中路演的时候，对于刚公布的1月、2月份宏观经济数据，认为经济数据好的人说中国就要通胀和过热了，认为经济数据差的人觉得工作压力还挺大。我觉得研究员的视角很重要，有很多时候市场存在"由屁股决定脑袋"的逻辑，仓位决定了看多或看空的观点。

## 当前国内宏观经济方面，上中下游市场的表现差异较大

目前市场研究机构具体看法的分歧在哪？第一个是上中下游的分歧。上游一般是原材料和工业品，中游一般是制造业，下游是终端需求。现在大家感觉上游和中游特别好，商品期货从2016年下半年以来都在暴涨，比如铁矿石、焦煤焦炭、螺纹钢等。给大家举个例子，有一个做电视剧投资的朋友给我发微信问怎么看即将公布的美国非农数据，当时我就特别吃惊。他说自己最近在炒原油期货，美联储加息的问题对原油期货的影响很大。我觉得从这个角度来看，商品市场的火爆可见一斑。

第二个就是中游市场的崛起。财经类分析师或者公众号近期讨论的一个核心问题是，挖掘机都卖到哪里去了？市场的判断逻辑是这样的：挖掘机是一个很重要的工程机械，挖掘机多意味着可能工程比较多，工程比较多意味着基建可能比较强，基建比较强可能政府支出比较多，政府支出比较多意味着可以买入周期股。最近宏观

金融鹏程

研究特别讲的一个周期叫作朱格拉周期，朱格拉周期就是设备更新换代的周期。因为2010年和2011年是我国基建大力发展的一个阶段，工程机械的销量很大，而机械产品一般是五年到六年更新换代的周期。所以到2017年这一批之前的工程机械就需要更新换代了，这就是所谓的朱格拉周期。

第三个就是消费或者下游市场的需求不足。昨天公布了2017年1月份、2月份的宏观经济数据，我很关注房价和消费的关系。我觉得从全年来看整个经济结构是在改善的。中央一直强调需要转变经济发展结构，从投资型向服务和消费型转变。2016年的GDP里面，消费者贡献的比例接近70%，大大超过了投资。但是今年1月份、2月份投资非常好，消费下来很多。消费在去年12月是10.4%的增速，但是在今年1月份、2月份仅有9.5%的增速，这是好几个月来首次低于10%。这个问题可以从几个角度来分析，一个角度是为什么没有收入或消费的增长。另一个角度是为什么房地产投资这么多而消费却这么低。我们一个行业研究员有一个很经典的方法来判断房地产到底是投机还是刚需。很简单，就是看消费和地产是否同向。从今年1月份、2月份的数据来看，三线、四线城市房价高涨，房地产投资很高，但是消费却很低。我觉得这可能代表了现在终端需求的一个情况，就是房地产的挤出效应。在之前房地产上涨的两个周期里面，居民的收入是有明显改善的。但是从2013年房价高涨至今，2016年居民的名义可支配收入增速是下降的，如果扣除掉CPI，实际收入下降的幅度会更大。这就意味着我们每个人口袋里的钱少了，或者说房价对居民消费的挤出更强烈了。所以从这个角度来说我们的消费能力或者意愿确实是在下降的。

2017年货币政策与宏观利率展望

## 关于CPI的预测与通胀水平的判断

现在大家很关注的另一个问题就是到底有没有通胀。现在上游市场表现强劲，PPI高居8.4%，按照历史上其他国家的经验肯定要有通胀的。因为PPI代表了工业企业的出厂价格，出厂价格上涨，产品终端价格肯定也会上涨。我们做货币政策研究的都知道，价格永远是一个货币现象。去年其实我国的信用扩张是非常快的，2016年的社融信贷增量17.9万亿元，创下2008年以来的最高。而上一次社融信贷增量的高点是2013年的17.4万亿元，由于2013年中发生的"钱荒"，2013下半年的货币政策是明显偏紧的。对比来看，2013年的CPI是1.6%，而2016年的CPI是2%。

我们在做市场研究的时候有一个比较简单的原则，就是存款活期化。M2代表货币，M1代表活期存款，M1与M2的剪刀差如果很高就意味着通胀的可能性很高。我们看到2009年到2010年，M1和

M2剪刀差与CPI的联系非常明显。但是去年我们到看剪刀差已经超过了2009年的水平，CPI还停留在原来的水平。

这个问题从居民收入的角度来说是终端需求或者居民消费需求不足。这两年大家都在说供给侧改革和适度的需求刺激，而各个经济学派对于总供给曲线的分歧是非常大的。古典经济学的总供给曲线是竖直的，因为古典经济学认为供给创造需求。凯恩斯供给曲线是水平的，因为凯恩斯觉得有效需求不足。我觉得中国经济现在可能面临着有效需求不足的困境。今年1月份、2月份基建与地产投资较高，说明目前还是传统的投资拉动型经济。我不知道未来是否会有进一步房地产调控的政策出台，但是目前有效需求扩张是非常缓慢的。

在这里举一个煤炭行业去产能的例子，去年我们曾经到河北的一个煤矿去调研，当时煤矿的负责人反映生产是很难扩张的。2016年上半年发改委要求煤炭行业控制产能，许多低效的矿井都关闭了，相关的生产人员也减少了。到了下半年，发改委觉得煤炭价格上涨太快需要增加产能，但是再重新打开被关闭的矿井恢复生产是一个非常缓慢的过程了。另外，由于煤炭行业集中度的上升，山西和河北两省基本控制了全国煤炭的产量，而河北前十大煤矿控制了全省的生产。在这样寡头市场的格局下，煤炭企业也不愿意扩大产能，影响煤炭价格和企业利润。

房地产今年1月份、2月份的增速高达8.9%，比去年高了两个百分点，我觉得这可能有地产周期被拉长的问题。我个人做了一个总结，历史上每次房地产出现明确的拐点的时候都有一个标志性的信号：房地产的价格同比增速和销售面积同比增速有一个交叉，但是现在我们可以从图上看到这两个线离得有点远，所以这一轮房地产的周期被拉长了。整个房地产仍然在一个去库存的过程中，我们认为一线城市房价收入比确实是有点问题,二十多倍明显偏高,但是二线、三线城市房价收入比是比较低的,特别是三线城市基本上在6倍到7倍。所以我觉得从性价比的角度,特别是考虑到一线城市可能会受到进一步限购和政策调控的影响,需求会有从一线城市转到二线、三线城市的趋势。

接下来是关于基建的问题,基建一般是分为投资端和融资端。融资就是看财政赤字比例,李克强总理在"两会"上说今年财政赤字比例还是3%,这意味着融资端没有扩张。投资端是由发改委每年从下面的每一个省市报计划得出来的投资计划,今年发改委预估名义投资65万亿元,同比增速是8.3%。去年全年的固定资产投资是8.1%的增长。但是根据我们的测算,从2000年至今,我国的固定资产平均回报率是在下降的。我想可能今年整个固定资产投资对GDP的拉动作用是有限的,除非我们又要倒过头去走强刺激的老路,当然我相信政府应该是不会这么做的。

## 出口增长压力较大,消费表现低迷

需求的另外两驾马车是消费和贸易,消费我们刚才详细讲了有效需求不足的问题,中国的房价和消费相关性是非常强的。多数年份,房价高的时候消费也好,但是去年我们看到消费是下降的。一方面,居民收入水平并没有随着房价高涨而起来;另一方面,进出口外贸的波动加大。整个2016年贸易顺差下降是非常快的,欧美两个经济主体对我们进口额都下降,而且它们都是我国最重要的出口的目标。所以我觉得进出口存在一定的压力,特朗普当选也对我国今后进出口的表现可能造成一定的压力,或者是今年的一个最大的变数。

金融鹏程

对于之前我提到的上游市场的崛起,我们目前面临的问题仍然是价在涨,而量没有在扩张。也就是说,企业的生产没有增加,只不过是因为供给收缩或者预期的变化导致了工业品价格的上涨。我个人觉得这是很难持续的,而且对工业企业本身的改善比较有限。

另外就是近期大家争论很多的CPI的问题了。在中国研究物价是一个很纠结的问题,因为它受制于整个CPI的统计规则。2015年3月公布CPI数据之后,市场一片哗然。因为根据当月CPI的分向数据,菜价是下降的,但是2015年3月份菜价涨的非常快。我们小组就有同事每个月专门看CPI,CPI有很多现象,而且同时又没有公布权重,所以我们在研究中可能需要一些算法去模拟和倒推统计局的权重。

我个人觉得今年的CPI不会太高,央行首席经济学家马骏今年的预测是2.5%,我们市场机构可能要稍微低一点,可能会在2.1%左右,甚至比去年低。今年从通胀的角度来说,经济是有压力的。但是我觉得今年宏观经济确实可能进入了一个异常复杂的局面:工业的PPI天天涨,商品期货暴涨,但是有效需求又很弱,居民消费疲软,CPI很低。

## 近期债券市场上值得关注的问题与风险

从我们债市研究与交易的角度来看,我觉得近期大家最担心的是监管的风险,或者"去杠杆"的风险。大家最担心的四个监管工具是什么呢?一是MPA,二是银监会推出的理财新规,三是大资管,四是大额存单的问题。这些其实背后的一个核心问题就是杠杆。

市场机构一般会把杠杆分为两类,场内杠杆和场外杠杆。场内

## 2017 年货币政策与宏观利率展望

杠杆一般就是标准化的杠杆，场外的杠杆比如在交易所和银行间的回购交易，还比如很多分级的产品分优先和劣后，用优先资金加入一个杠杆，最后资金可能得到了一个五倍到十倍的扩张。根据我们计算的非银机构杠杆，我们看到 2010 年以来这个比例一直在上升。2013 年杠杆非常高，因为影子银行开始兴起。当时我们知道最赚钱的机构是信托，因为市场都在做通道。监管很明显要控制地方政府和房地产的融资，但银行和商业机构是逐利的，所以就通过设立信托计划、委托贷款绕着圈来放。到了 2013 年"钱荒"之后的调控，非标、信托通道都慢慢给卡死了。为什么 2014 年到 2015 年杠杆又上去了？这种方式变成了通过标准化金融资产加杠杆：一边发同业存单，一边对应地买同业理财，然后给非银机构去做。

我们也发现一个挺有意思的现象，基金公司过去是买方，但现在基金公司也变成了卖方，向银行拉资金。在整个利率利差收窄的过程中，银行为了扩大中间业务收入，大力发展"大资管"。过去银行只有金融市场一个部门，现在金融市场被分成同业部、理财部、表内部、表外部等，各个银行扩张非常快。但是从整个市场的结果来说，银行的规模扩张非常快，而且都是表外的扩张。

2015 年是整个表外理财产品的爆发性扩张的一年，M2 的规模为 150 万亿元，表外理财规模可能就有 30 万亿元。也就是说整个货币有 30 万亿都没有体现在表内，而且在 2015 年一年之内就扩张了 30%。这真的是非常可怕的，这背后的一个问题就是整个银行业表外扩张，整个负债的杠杆大幅攀升。2016 年资本市场的一个热点词汇叫"资产荒"，背景还是银行表外扩张太快，委外机构像雨后春笋般诞生，但最后资金源头还是银行。

2015 年债券交易的策略总结起来很简单就是"买买买"。机构路演就拿一个图说美国的国债曲线，从 20 世纪 80 年代到 2010 年，

美国国债收益率长牛了30年。中国债券牛市才刚刚起点,"买买买"就是市场的逻辑。我觉得这代表了整个银行体系,包括非银机构整个经营模式的变化。

以前国内最大的基金公司是天弘基金,我们知道背后有阿里巴巴和余额宝,但是现在排前三位的基金公司全是银行系。基金公司都在找银行去拿资金,所以银行与非银机构之间的联系在加强。近期市场非常担心存单的问题,因为这个月存单发出了天价,存单的利率非常高。对于中小银行来说,存款价格竞争力不强,网点又没有大银行多,只能通过同业银行来实现"弯道超车"。近期大家对是否会把同业存单纳入同业存款考核非常关注,因为同业存款要接受 MPA 的考核。

过去市场上有句话说非银都觉得自己低人一等,因为非银都要去找银行借钱。但是最近倒过来了,因为回购率比较稳定,同业存单利率比较高。非银机构拿着回购来购买银行发的同业存单进行套利,非银机构开始赚银行的钱。但是从去杠杆或者说从利差的角度来说,我觉得这是一个很不正常的情况。

我觉得一个核心的问题是控制利差。举个例子,日本的国债是长期负利率,但是很多投资者还愿意买日本的国债,就是因为日本的国债还是有很大的利差。我们看到美国的国债收益率曲线简直是教科书一般的平滑二阶曲线,但是中国的国债收益率曲线是凹凸不平,又非常平坦。这个有一定的利差问题,过去市场共同套利把国债收益率曲线压的非常平。但是现在如果为了去杠杆再次把利差加大,让市场暴跌,让机构都出局,结果就是长期利率上升。但是我相信杠杆还会死灰复燃,因为在市场上有一句话,投资的经验就是当这波人下不去手买的时候就应该换交易员了。这个市场总是在更新换代的,洗牌之后新人会接着进来买,所以这是市场机制本身导致的。总结到杠杆和利差的关系来说,我觉得现在去杠杆的核心就是控制利差,不能让不同期限、品种的利率出现太大的偏差。

另外一个就是美国加息的问题。我们路演的结果发现,大部分海外投资者还是比较乐观的,很多人觉得美联储应该持续的加息。但是作为一个比较,美联储 2004 年上一轮加息从 1% 加到 1.25%,美国 PCE 和核心 PCE 是 2.8 和 2。但是今年美联储要第三次加息了,现在美国的 PCE 是 1.9,核心 PCE 是 1.7。美联储加息主要就看就业和通胀,但是现在美国已经接近自然失业率了,因此今年美国的增速能不能更高,我想这个不好说,毕竟我们看美国不像外资看得这么准。

另外一个问题就是市场比较关注的中美利差,我觉得中美利差其实是一个伪命题。中国的资本市场还没有到全球配置这个阶段,所以这里面其实反映了大家对未来中美货币政策包括人民币汇率的一个期待。如果利差太窄会不会导致汇率出现问题?汇率出现问题会不会外汇储备下降、利率上升?我觉得可能背后是这个隐忧。

最后是关于监管的问题。MPA 将来对银行和非银机构表外业务的影响是近期大家非常关心的问题。我记得有一个海外客户说,市场永远是有预期差的。所以我觉得市场其实更担心的就是到底预期和实际会有多大差别,而市场永远都在博弈这个差别。坦白说我觉得这不是一个坏事,这其实这是整个资本市场投资行为和投资主体越来越丰富的一个结果。

过去和现在,交易商协会与证监会在讨论的一个问题就是中国有没有高收益债市场。我们知道全世界做债最牛的人都是做垃圾债起身的,但是中国其实并没有真正的高收益债市场,这里面有我们整个财税体系、政府和企业的关系的问题。外国投资者为什么不愿意购买中国信用债?举个例子,现在大家最关注的一个公司就是东

北特钢,其实东北特钢真的是一个好公司,在全国是特钢领域的龙头企业。这个公司由于董事长出问题了,所以大家觉得这个债不能拿了。但是其实这不是信用债券和这家公司基本面的问题。

我曾经去一个最大的基金公司路演,当时基金经理跟我说他觉得非常遗憾。他是从华尔街回来的,他说曾经觉得中国的债券市场肯定大有作为,但是来了以后才发现中国的债券还在做最简单的"买和卖"操作。国内债券基金的经理根本不关心基本面,债券交易的操作基本就是买了债以后放着三年到五年不动,然后只要能向银行借钱就行,债券交易员就是充当一个中介跟货币市场交易员打好关系就行了。

中国债券市场规模已经达到全球第三位,但是我们整个市场的投资机构异常的简单,我觉得这个可能也是这几年债券市场面临的风险。市场都是同向的,一旦出来风险事件,市场机构很难找到对手盘去交易和对冲信用风险。现在很多基金公司就是一票否决制,基金经理包括研究员只要手上有一个违约就直接下岗走人,一旦市场出现风险和突发事件大家都是同向的,所以这个市场异常脆弱。但是会不会中国的债券市场将来出现一个真正像桥水基金这样好的公司?我觉得目前还有点不可能。有些私募说愿意做高收益债,如果出问题就将债券价值直接打四折,然后就建仓对赌这个信用债会全额对付。但是这是有问题的,我们知道发达国家资本市场的新老债王做高收益债其实都是一个大数定律,我最后算的是违约比例、违约回收率和资金成本的一个比较,而不是现在这种依靠地方政府维持刚性兑付的信仰。所以现在我国整个债券市场的基础建设还有很多有待完善。

现在美国、澳大利亚的债券市场有很多结构化的产品去管理与对冲风险,包括衍生品、基础产品,但是中国现在没有这样的产品和机构。市场需要进一步建立规则,不同的机构承担不同的风险,风险与收益对等。就像刚才举的东北特钢的例子,就是因为政府态度导致最后的结果天壤之别,所以从投资的角度,目前债券市场机构对赌的并不是技术,而是信仰。过去大家都是有信仰的,认为政府的刚性兑付肯定不会打破,但是后来发现好多政府都打破刚兑了,作为投资机构就觉得很冤,而中国的投资机构总体都是弱势主体。

所以我觉得国内债券发展已经到了一个非常复杂的阶段,市场和政策利率到底应该怎么摆,市场发行主体、投资人、地方政府、财政、法律主体、投资者保护这些关系都有待界定清晰和完善,都面临一个不确定性,可能这也是我们中国资本市场的一个特色吧。总体来说,我还是会乐观一点,中央经济工作会议强调,要确保不发生系统性金融风险,我们相信中国不会发生金融危机,利率短期会有一定的压力,但是更多的可能会有一个合理的区间。今天我先讲到这里,谢谢大家!

录音整理　陈易

加速发展的金融科技

**计葵生**，上海陆家嘴国际金融资产交易市场股份有限公司（陆金所）联席董事长兼CEO，2011年加入平安集团。此前，计先生先后就职于麦肯锡公司任全球资深董事、台湾台新金融控股公司任运营长，在金融投资领域拥有超过20年的跨国和本土工作经验。计先生毕业于美国Middlebury大学，获得东亚研究学士学位。

因对创新金融服务有独到见解并获得各界认可，2012年入选中组部"外国专家千人计划"，并荣获"2012沪上十大金融创新人物"，"2013中国互联网金融十大领军人物"，"2014年中国政府友谊奖"等奖项。

计葵生先生先后著有《亚洲银行新世纪——迎接竞争与吞并的时代（*Banking inAsia–The End of Entitlement*, 1999年，Wiley）》《亚洲银行新未来——建立获利新思维（*Banking inAsia Acquiring a Profit Mindset*，2003年，Wiley）》，两书解析银行业者在亚洲的成长机会及制胜关键。

加速发展的金融科技

**【编者按】**

2017年3月16日下午,"金融鹏程大讲堂"第11期顺利举办。过去几年科技金融发展非常迅猛,特别是2016年,科技逐渐渗透到金融服务的各个领域。陆金所联席董事长兼CEO计葵生先生详细分析了科技发展给金融带来新业务模式、陆金所的开放平台策略和全球对金融科技的监管态度等热门话题,最后提出了若干供人民银行思考的问题。

**【核心摘要】**

科技为金融提供了365×24小时随时可用的接入渠道,实时低成本的数据存储能力,大数据分析和人工智能的能力以及极其丰富的传感器网络,四者结合起来就诞生了很多新的业务模式。传统的商业模式逐渐从实体到虚拟化,从B2C到C2C,从拥有到分享,从人脑判断到电脑判断。科技的发展越来越快,在财富科技领域,科技将迅速改变金融。

陆金所利用互联网渠道来发展业务,依赖大数据处理,对所有产品做评估评级,对所有投资者也做评级,然后来决定产品和投资者的匹配,寻求回报和风险的平衡。实践证明,这样的模式比线下模式更高效。

全球监管科技的公司80%都在美国,9%在英国。中国是金融科技领域的全球领导者,但目前中国还没有监管科技的公司。在国内用互联网模式来控制和防范金融科技风险,可能是一个很大的机会。

讲座最后,计葵生先生提出了若干供人民银行思考的问题:中国是否应该保持其在全球金融科技领域的领先地位?监管机构是否应该在开发监管科技的解决方案中发挥作用?人民银行是否应该建立一个"沙盒"来支持快速创新,如果是,那么申请人的筛选标准是什么?互联网金融在推动创新及协助控制风险方面应该发挥那些作用?

# 加速发展的金融科技

金融科技这个议题出现应该已经有四年到五年的时间,之前叫互联网金融,最近一年改成金融科技。我感觉金融科技这个议题才刚刚开始,金融科技的好处在哪里,它带来的风险又是什么,其实一直在摸索当中。今天我会先从宏观来看科技发展带来的影响,接着会简单介绍陆金所,然后介绍全球监管机构对金融科技的态度,怎么用沙盒的概念来面对新的变化,最后提一些供人民银行思考的问题。

## 推动金融科技改变的因素

未来世界会怎么变,我总结有三点,第一是经济发展全球化。如果我们看 FDI(外商直接投资)占全球 GDP 的比例,三十年从 9.7% 已经变成 34%;如果我们看跨境贸易占全球 GDP 的比例,三十年前大概 37% 到再过两三年可能会变成 65%,经济全球化发展的趋势很明显。第二是气候变化。再过个二三十年,专家预测全球温度可能提升 4℃,美国跟中国基本上都会变成沙漠,如果真的发生,气候变化带来的影响也将非常大。第三就是科技发展,这是我们今天讨论的重点。科技发展的速度会越来越快,而且它对各个行业的影响会越来越大,对金融的影响可能是最大的。

### 科技:使新的业务模型成为可能

科技会影响到我们的生活,进而会影响到很多业务模式和商业形态。那到底科技互联网的哪些特点使新的业务模型成为可能,我认为大概可以分为四块:

第一是接入渠道,就是沟通或者做生意的渠道。互联网提供了

金融鹏程

全球可用，365×24个小时，全天候，随时可用的接入渠道。第二是存储实时化和低成本化。我们现在可以利用云端将大量数据以非常低的成本存储起来，成本可能能接近零。第三是数据处理能力提高。最近五六年数据处理的速度和能力扩大了很多倍。结合人工智能，有些问题以前需要二十个博士花二十年的时间才能做出来，现在说不定五分钟就可以做出来。第四是传感器。感测光、声音、触摸、动作等的传感器已经极其丰富。

这些变化单独来看，可能影响有限，但最近五年这四个因素开始结合在一起，就产生了很多新的业务模式：一是从模拟到数字。很多传统的商业模式已经虚拟化。例如，现在看书听音乐基本上大部分人都不想去书店或CD店买，而是上网下载马上看马上听，这个大家都很熟悉了。二是从B2C到C2C。现在很多业务模式都从B2C转到C2C，好比国内的淘宝和海外的EBay。美国有一种跟投模式，即有个专家的股票投资能力很好，他要怎么投，可能有几万人跟着他投。基于专家过去的表现，很多人愿意相信这个专家，而不是相信大公司的基金管理专家。很多业务模式以往只能通过大公司来做，现在小公司甚至个人也可以做。三是从拥有到分享。现在很多人到国外不订酒店，而是通过Airbnb住别人的房子；很多人考虑不买车，而是通过滴滴快车或者优步去坐别人的车，他们认为车买回来放在车库的时间可能是百分之八九十，真正用时很少。这就是我们常说的分享经济。四是从人脑判断到机器判断。有个数据很有意思，一个医生，不管是哪一个专业的，为跟上这个专业的发展速度他每个月需要花15天的时间去看最新的研究报告，靠人脑来消化最前沿的知识已经来不及。很多医疗判断已经开始由电脑来做，电脑利用大数据分析技术,给出可能的治疗方案供医生参考。投资领域也是这样，个人投资者可能觉得今天心情比较好或者运气比较好，就多买点股票；觉得心情不好，就不投。而电脑每天都在实时分析数据变化趋势，基于历史数据来决定该不该投，这样可能更合理。像优步和阿里巴巴这类公司，估值已经很高了，它们仍然不断地在这个领域投入大量资源，所以这个变化趋势会一直加快。

计算机处理数据能力每一年会加大一倍，成本可能会少一半。从二十世纪六十年代到今天，摩尔定律一直有效。美国第一台宇宙飞船的电脑处理能力已经不如现在的苹果手机了。有人开玩笑说，如果汽车的效率的增长速度也符合这个定律的话，现在的汽车只要加一次油就可以用一辈子。可以想象一下，在不久的将来，我们可以：

基于大数据的疾病判断，前面也提到了，医生真的要去了解最新的研究成果再来诊治病人已经来不及了，基于大数据分析可以判断病人需要什么样的治疗方法。这个事情已经在发生。

洗衣机的定制化清洗，过不了多久，在洗衣机和衣物中放置的传感器可以让两者相互沟通，实现衣物清洗的差异化。如果衣服很脏洗衣机会多洗，如果衣服看起来很干净则简单洗。

即时可见的人们背景数据，谷歌眼镜利用面部识别和实时数据接入技术实现数据的实时更新。如果我佩戴了谷歌眼镜，看到每一个人我就马上知道他的背景，我大概知道他的工作，他哪一年结婚，他的专业等。

计算机识别技术优于人工识别，语音和面部识别技术到今天已经超越了人工判断，准确度很高而且成本很低。

所有历史书都成为一部"维基百科"，在未来十年，大部分的历史材料将实现数字化，从而实现跨书本和时间的交叉参照。比如我在书上看到货币政策在历史上是怎么样的，我可以马上链接到关于这个议题谁有写过文章，谁出过书，我可以链接到历史上所有相关联的内容。这样我们研究速度会大大加快。

金融鹏程

无人驾驶车辆。无人驾驶技术可以将事故率降低 80%。不仅仅是汽车驾驶，未来越来越多行业里，机器会取代人，社会的失业率可能会上升。

## 这些技术何时会对实体经济产生影响

有专家认为互联网对实体经济是没有任何帮助，互联网的大部分价值都体现在个人体验方面，因此不会促进产能的提高，上网可能甚至会导致 GDP 的下降。另外一个说法是任何新科技的到来，可能要经历五年十年甚至二十年才会对实体经济产生影响。人类从蒸汽动力生产线到电力生产线的用了 20~30 年。那么科技对实体经济的影响应该从哪一年算起呢？有专家指出 2007 年是新科技的转折点，那一年诞生了 iPhone、Kindle、IBM 的超级机器人 Watson、GitHub（软件分享平台）和 Intel 的新芯片（确保摩尔定律在 10 年内得以持续）。

# 加速发展的金融科技

科技给金融带来的变化会越来越大，而且变化的速率也会越来越高。我相信大家有这个感觉：社会发展和变化是不是已经过快了，好像不论怎么做都赶不上变化，很多东西可能刚学会它就过时了。我们应该怎么消化和面对科技带来的变化？科技发展产生的新业务模式需要如何监管，靠人监管还是靠互联网做监管？这些问题是值得深入探讨的全球性课题。

## 金融科技公司分类概览

金融科技覆盖面很广。在国内提到金融科技可能会想到腾讯、陆金所或者P2P公司，其实远不止这些，金融科技公司大致可以分为5类：第一类是财富科技公司，利用大数据能力帮人做投资；第二类是信用科技公司，在线上进行完成抵押借贷；第三类是支付科技公司，在国内发展很快；第四类是保险科技公司，利用新的科技来经营保险业务，在美国和英国发展比较快；第五类是监管科技公司，利用互联网模式创造新的监管方法。中国的金融科技发展全球最快，但在国内还找不到一家做监管科技的公司，未来这可能是一个很大的机会。

## 在财富科技领域，"科技"将迅速改变"金融"

过去几年参加论坛大家都说互联网金融离不开金融，金融科技就是金融加科技。科技给金融融入"科技"的竞争性动力，包括接入渠道的优势，数据存储的优势和数据处理的优势。在科技的加持下，各类金融工具比如风险控制、投资者适配、产品设计和组合管理等都得到了升级。再过三四年，我感觉金融科技会变成科技金融。那些具备强大的学习能力，拥抱科技带来的新变化的公司才能快速发展；排斥变化、固守传统模式的公司则会被市场淘汰。陆金所经

金融鹏程

营这五六年时间，累积了大概三千万名用户，我们的业务模式模式一直在变化，每年有30%的业务模式会被调整。想想看现在的支付宝支付或者微信支付，对比用传统的方法来付钱，用户很快就能做出选择。

**互联网金融未来驱动力：从渠道到数据的优势**

第一个风险评级，如果一个人要买理财产品，利用大数据可以很快可以判断这个人的财富状况是怎么样，他的风险承受能力怎么样。

第二个投资匹配。如果我已经知道这个资产的风险，并且已经知道客户的投资能力，那么立刻可以算出来我应该推荐什么产品，应该劝止他不能买什么产品。

第三个投资推荐。投资的机会天天有。你可能通过报纸或微信看新闻，看到有什么重大事情发生，比如哪个国家做了什么，比如特朗普在推特发了什么，看到这个新闻之后要做什么样的投资？利用数据可以做投资推荐，可能新闻刚来两三秒，投资推荐就出来了，而且可以很方便的进行买卖操作。

第四个智能化，我们完全可以靠电脑做很多的智能化的投资建议。

第五个最优化。举个例子，目前国内市场上有240只货币基金可以投资，依靠系统可以计算出在哪些货币基金的组合可以得到最佳的回报率，而且风险基本没变。如果靠人脑来从240只货币基金中挑选最挂投资组合，几乎是无法完成的。

第六个动态定价。不知道大家用携程时有没有发现，买飞机票或者订酒店，早上九点跟早上十一点价格是不一样的。更奇怪的你跟你的朋友同时要订同一个酒店的房间，标准一模一样，可价格就是不同。因为机器已经在开始计算谁更有钱，预测你能接受什么样的价格就给出什么样的价格。

**中国是金融科技领域的全球领导者**

2016年对中国金融科技的投资超过了40亿美元，超过了对全球金融科技的投资。在毕马威公布的《2016金融科技百强榜》中，前10大金融科技企业有一半是中国企业。中国的各类金融需求体量很大，非常多的需求还没被满足，再加上科技的推动，国内金融科技成长很快。美国其实也有很多科技金融公司，但都很小，因为美国有钱人大多数是四五十岁，习惯把钱放在富国银行、花旗银行等传统金融机构，不愿意尝试新事物。中国则情况不同，二三十岁至三四十岁的中国人都愿意尝试新的服务新的做法，再加上本来市场需求就大，中国很快就成为全球最大规模的金融科技市场。我认为金融科技在中国还会持续快速发展。

## 陆金所的业务模式——开放平台，匹配资源与投资者

陆金所主要做了两个方面：一是信用科技，二是财富科技。那我们具体做了什么呢？第一是我们做了一个平台，就好比是养牛卖牛奶的模式，养牛是为了有一个渠道，通过养牛找到卖牛奶的市场。第二我们通过这个平台在线上解决养牛和牛奶市场的问题。未来公司借钱可以不找银行，手上有钱也可以不存到银行。这个平台完全透明，完全开放，产品可以进来，客户也可以进来，同时可以给客户做一个信用评级。整个过程降低成本的同时也可以用传统金融风

控手段来控制风险。

我认为陆金所过去五年做得最大的事情就是用互联网渠道来发展业务。我们做了以下几个"跨"的策略，分别是跨客户、跨区域、跨行业和跨境。首先是跨客户，有钱的人可以去投资或者把钱借给那些需要用钱的人。我们有一个特别有意思的发现，我们平台上的投资人80%的来自北京、上海、深圳、广州，借钱的人则80%来自二线、三线城市，一线城市的需求反而没那么大，一线城市的人如果需要钱，只需要一些信用，就可以到银行借到，可是在二线、三线城市就不是那么容易。因此互联网有跨区域资源分配的能力，并且它是跨行业的，因为借钱的人要做投资（投向各行各业）。最后是跨境，我们在前海有一个前海金融资产交易所把国内的资产卖到海外，也做了一定的科技处理。

采用上述策略，陆金所按照业务种类做不同的平台，如果是一个业务属于银监会管，我们成立一个专门的P2P公司；如果是一个保险或者资管相关的业务，我们也会有独立的平台来做。陆金所未来的发展更多的是依赖数据处理，对所有的产品做评估评级，对所有的投资者也做评级，然后来决定如何匹配。比方说有个客户很保守，他在我们平台看到的产品就比较有限；如果有个客户很有钱，承受风险能力很强，他可以看到的产品就会比较多。传统的线下模式，客户经理很难去了解市场上所有的产品，市场每一天都在变化，很难去推荐最适合的产品给客户。我们觉得金融科技未来的最大价值是它的线上价值，因为产品都有比较明确的评级评估，客户行为也可以做很多的预测。客户的需求和提供的产品匹配比较正确，而且回报跟风险较为平衡，我们认为这就是金融科技的价值，一定会比线下的模式高效。

加速发展的金融科技

## 全球都在推动金融科技的监管

前面谈到未来科技对金融的影响会很大,那监管机构怎么做?其实海外监管机构已经做了很多研究。前两周我在香港参加一个全球证监会组织的大会,大约有 18 个国家参与,他们一直在谈金融发展的趋势是什么,未来监管应该如何面对。美国在 2015 年底出了一个报告,准备给金融科技公司发有限银行牌照,因为他们发现如果要对每一种公司设一个新的监管规则,监管成本太高了,还不如早一点发牌照给它,把它纳入现有的体系,尽早地监管起来。金融科技公司的模式可以不同,但是一些基本监管原则还是可以套用现有框架,放任发展可能比较难控制风险。

最近我跟英国、新加坡、美国和中国香港的监管单位交换过意见,各国对金融科技发展的态度和处理方式有很大的区别。英国的很多金融服务在 2008 年国际金融危机之后规模缩小了,监管机构在两年到三年之前就认为互联网金融是英国的发展机会,开始制定新的框架来推动互联网金融的发展。英国是第一个做沙盒的国家,它们认为反正吃不准新的科技有没有用,有没有好处,如果金融科技可以给客户带来新的好处,可以降低成本,可以提高服务品质,那就可以小规模测试。如果测试结果没有大问题,就可以适当修改原来的监管规则推广使用。新加坡复制了英国的沙盒模式。美国最近也成立一个创新办公室,专门研究金融科技的发展趋势。

在新加坡申请开户必须要提供住址,那怎么证明你是真的住在里面呢?银行每个月都会寄水电费账单到你的住址,新加坡的客户就需要拿着这些账单到银行才能开户。这样的开户模式没有办法搬金融鹏程

到线上去。最近有一个解决方案是，如果客户开户时愿意系统跟踪他的GPS，监测24小时就可以知道他是不是真的住在那个地方。越来越多的新科技开始得到应用。中国香港的比较特别，要在香港做创新，你要找到一个传统机构愿意做这个创新。你成立新公司要跟传统机构一起搞沙盒来做。你想想看一个小公司要去找一个大银行告诉它我要怎么做，你要不要跟我一起去做沙盒，我是觉得有点难，所以我觉得这方面香港有点偏保守，比较难去支持一些新的突破。做监管科技相关的公司在全球已经有一百多家，跟金融有关的大概有三十来个，提供区块链、税收处理、风险控制、身份识别等各种服务。全球监管科技的公司80%都在美国，9%在英国，亚洲区域内，新加坡和印度在领先，可是在中国我还没找到做监管科技的公司。考虑到国内在经济发展中政府扮演的角色非常重要，是不是可以用互联网的方式，用金融科技的方式来控制和防范风险，是一个值得深入探讨的课题。

## 成功的创造及创新来源于诸多尝试

我最近看了一本书是说到底这个世界上最成功的人有什么特色。我们知道莎士比亚比较有名的作品可能大概只有15个，如果你足够了解莎士比亚可能知道20个，但其实莎士比亚写了191个作品，大部分是不成功的。贝多芬的音乐作品，可能我们熟知的有10个、20个，可他一共创作了大概650个，大部分也是不成功的。有人研究他们创作的时候对自己的作品是否满意，得出的结论是往往那些他们不太肯定的作品反而容易被别人记住。所以只做一件事情就取得创新性的结果的概率是非常低的，要取得创新就得做很多创新的事情。

这个跟我们今天谈的金融科技议题是有一定的关系，可能你要找到一个成功的业务模式就是要有很多次的尝试和测试。下面几个问题给大家参考：第一个问题就是中国是否应该保持其在全球金融科技领域的领先地位；第二个问题是鉴于中国特殊的经济模式、政策，监管机构是否应该在开发监管科技的解决方案中发挥作用；第三个问题就是人民银行是否应该建立一个沙盒来支持快速创新，如果是，那么申请人的筛选标准是什么；第四个问题是互联网金融在推动创新及协助控制风险方面应该发挥那些作用。

录音整理　欧阳军、祁多多

房地产金融专场精彩实录

## 房地产金融专场精彩实录

**【编者按】**

2017年5月4日下午,"金融鹏程大讲堂"第12期——房地产金融专场顺利举办。邢毓静行长、张庆昉副行长为我行房地产金融征文比赛获奖者颁奖,获奖的青年才俊们向全行员工展示征文作品。

**【核心摘要】**

为加强房地产市场监测分析和政策研究,中国人民银行深圳市中心支行于2016年10月以来,在全行范围内开展了以"房地产金融"为主题的征文活动,共收到征文39篇,参与处室15个,参与人数57人。征文活动最终评选出一、二、三等奖6名,优秀奖10名,组织奖3个。在房地产金融专场,邢毓静行长为一、二、三等奖获得者颁奖,张庆昉副行长为组织奖获奖处室颁奖。青年才俊们展示优秀作品,交流研究心得,为央行履职,为房地产金融调控建言献策。中支党委高度重视,全体出席活动,认真聆听成果汇报。邢毓静行长总结讲话并寄语青年干部:尽责思为、善作善成、干事创业。

## 颁奖环节

颁奖环节由于松柏副行长主持

邢毓静行长为一、二、三等奖获得者颁奖

房地产金融专场精彩实录

张庆昉副行长为组织奖获得处室颁奖

金融鹏程

## 展示环节

孙春广　展示一等奖作品《深圳住宅房地产金融属性演化过程及利益风险格局剖析》。文章不仅对深圳住宅房地产金融属性实现中的制度因素和工具因素作了创新性研究，也对微观环节中的风险和利益静态特征及动态转化作了开拓性研究。

赖纪云　代表课题组展示二等奖作品《深圳房地产金融实施宏观审慎管理的思考》(作者:张春光、赖纪云、李治刚、管高)。文章通过对深圳房地产运行特征进行研究,对宏观审慎管理理论在深圳房地产金融领域的实践路径进行探索,从而建立有深圳特色的逆周期、防范系统性风险的房地产金融监管长效机制。

**金融鹏程 大讲堂**

张涵、桂蟾 展示二等奖作品《深圳房地产的跨市场融资模式透析》。文章对银行、证券、保险、互联网金融行业资金流入房地产的跨市场模式进行了梳理，对房地产金融监测的思路和方法具有现实意义。

刘絮莹　展示三等奖作品《跨境资金流动与货币供给、房地产价格关系的实证分析》。文章是一篇规范的学术论文，从提出假设、选取变量和数据，到构建模型进行实证分析，视角独特，对房地产调控的着力点给出了有说服力的建议。

盖鹏　展示三等奖作品《资本要素扭曲对房地产泡沫的影响与对策》。文章提出我国经济转型期的资本要素市场存在着稀缺性定价、风险性定价、补贴性定价和封闭性定价四种扭曲，并分析这四种扭曲对房地产市场的影响。

**魏志娟** 展示三等奖作品《人口、货币还是土地?——兼论一线城市房地产价格影响因素》。文章围绕人口、货币、土地三大核心驱动力,建立起房地产行业的基础分析框架,以数据揭示房地产行业的发展脉络;既有对过去的分析,也有对未来的判断和国外的经验,是一篇分析一线城市房价影响因素的好文章。

金融鹏程

邢毓静行长总结讲话并寄语青年干部：尽责思为、善作善成、干事创业。

录音整理　谢文芳、邹虹

情怀与格局——PPP的价值认知、理念认同与精准操作

**王天义**，1962年9月生，山东省烟台市人，中共党员，博士、教授，博士生导师。毕业于清华大学并获得电子学学士、管理学硕士与经济学博士学位。曾任烟台大学副校长（1999—2000），济南市副市长（2000—2008），山东省科学院院长（2008—2009）。香港贸发局咨询委员（2011—2015）。现任中国光大国际有限公司（香港上市公司）总经理，中国光大水务有限公司（新加坡上市公司）董事长。清华大学PPP研究中心主任。联合国欧洲经济委员会PPP专家委员会委员。联合国欧洲经济委员会PPP中心中国首席代表。新加坡国立大学中国商务研究中心咨询委员。

# 情怀与格局——PPP 的价值认知、理念认同与精准操作

**【编者按】**

2017 年 5 月 5 日下午,"金融鹏程大讲堂"第 13 期顺利举办。中国光大国际有限公司总经理、中国光大水务有限公司董事长王天义先生结合国内外实例介绍了 PPP 的基本概念,多维度解读了 PPP 的内在价值,深度剖析了 PPP 背后的理念,并分享了对于 PPP 精准操作相关问题的思考。

**【核心摘要】**

PPP 是公私(政企)合作提供公共产品,不同国情下体现为不同模式。PPP 在发达国家早已实践,并有了很多成功的经验。在中国推行 PPP,需要融合中国国情,但始终不能脱离 PPP 的价值认知、理念认同和实践中的精准操作,比如,地方政府不可以与自己的平台公司搞 PPP,平台公司也不能替代政府去和社会资本搞 PPP。中国做 PPP 应注意量力而行,一方面是根据政府的项目识别能力,模式设计能力,财政支付能力,过程管理能力,以及契约遵守能力来量力而行。另一方面是根据企业的投融资能力,技术和管理能力,还有避免追求利益最大化冲动的定力来量力而行。PPP 的价值认知与理念认同可视为一种情怀,PPP 的具体操作可视为一种格局,情怀小而格局大是目前中国 PPP 的现实问题,而情怀和格局都调整到位才能真正使 PPP 在中国行稳致远。

情怀与格局——PPP 的价值认知、理念认同与精准操作

# PPP 的基本概念——基于世界看中国

PPP（Public Private Partnership 的英文缩写）实质是政企合作提供公共产品，包含三大要素，一个是合作主体，另一个是合作内容，还有一个是合作关系。首先，政府和企业这两个合作主体必须共同存在，缺一不可。地方政府的平台公司作为企业，不可以代表政府去跟社会资本做 PPP，否则就变成了企业和企业之间的合作关系，平台公司也不可以与自己的城市政府做 PPP。其次，合作内容是政企合作提供公共产品即基础设施。基础设施可以分成经济类的基础设施和社会类的基础设施。经济类的基础设施体现的是比较硬的设施，比如路、水、电、暖、垃圾、污水处理；社会类的经济设施强调的是核心服务，比如医疗、养老、教育、司法等。基础设施有三种提供方式：公立、私立和公私合立即 PPP 模式，对用 PPP 模式提供社会类基础设施（公共服务）通常又有三种方式：一是设施和核心服务都由企业来做；二是企业做设施即负责设施的投资建设和维护，核心服务继续由政府负责，如医院、学校、监狱等；三是政府做设施，企业做服务，比如大型体育场馆。社会资本一般没有太大冲动去投资大型体育场馆，但是政府有这种需求，往往这种需求可能是一次性的需求，是为了一个特定的赛事，赛事之后的日常维护和经营由社会资本来承担。PPP 非常重要的是合作关系的确定，即伙伴关系的确定和相应模式和机制的设计，伙伴关系包括长期稳定，利益分享，风险分担，合理回报和契约精神等。目前中国 PPP 当中最大的障碍之一可能是来自于契约精神的缺失，现在大家一般认为是政府契约精神不足，其实我认为政府契约精神不足，企业的契约

精神也未必充足，所以说要建立双方的共同契约精神。

PPP 的模式不是单一模式，是一个模式集群，是一系列的操作要素进行不同的组合形成了若干的 PPP 模式。从全球来看目前流行的 PPP 模式在二十种以上，不同的国家、不同的行业、不同的领域会有不同的 PPP 模式的偏好。中国较多的模式是 BOT、TOT，指建设运营移交和移交运营移交。新加坡常用的模式是 DBOO，指企业投资、设计、建设并拥有、运营，期限到了再商定设施有偿处置方式。日本常见的模式是 BTO，指企业建设移交后运营，因为日本政府对一些敏感的重要的基础设施希望第一时间把所有权拿回来，企业按照协议去使用这些设施来运营。一个 PPP 结构当中包含了两层关系，一个是政企之间的 PPP 关系，另一个是企业和企业之间的商务关系，这两个关系要有所区分。政府的重点是要把好关，把好政企之间 PPP 的关系，而企业之间的商务关系，政府关注但不要过度地去干预。

全球 PPP 项目最多的是中国，上报的有上万个 PPP 项目，已经落地的大概有 1 700 个项目，中国用三年的时间催生了世界最大的 PPP 的市场，这的确是快了一点。现在全球 PPP 项目超过一千个的国家只有两个，一个是中国，另一个是巴西，其他的国家包括英国这样一个 PPP 概念的源产地，也只有 700 多个项目。日本有 500 多个 PPP 项目，平均规模折合成人民币大概几个亿，项目数目不算太多，项目规模也不算太大。新加坡 13 个项目，一年平均一个。对比之下，中国多了点快了点，而太多太快是要出问题的。

公共产品市场化将来空间会越来越大。我们觉得 PPP 模式很好，其实市场化的模式也挺好。如果能设计出充分的竞争，那么市场机制的效率就比 PPP 模式更高。所以不要顾此失彼，不要认为 PPP 就是最好的模式，公立跟私立同样也是非常有效的模式，只是看私有化当中有没有两性，一个是竞争性，另一个是可替代性，如果有了很好的竞争性，以及很好的可替代性，市场化就没有问题。比如现在的共享单车，共享汽车，为什么可以市场化，因为具有竞争性和可替代性。

## PPP 的价值认知——基于本色谈特色

为什么我们要做 PPP？PPP 的价值认知可以分三个层面来谈，第一在项目层面，第二在国家层面，第三在国际层面。

第一是项目层面，PPP 的价值，体现为两大价值，一个是融资，另一个是提效，缺一不可。对发展中国家，欠发达地区，PPP 的融资功能是必不可少的，但是如果我们仅仅把 PPP 视为一种融资工具，就太狭隘了。国际经验表明，很多国家的基础设施公共产品建管效率政府比企业大概低 15% 到 20%。那么不缺钱的政府是不是就可以拒绝 PPP？其实某种意义上政府不缺钱更容易保证 PPP 的成功，因为它不会出现支付违约问题。另外往往在一个政府效率很高的国家和城市，企业的效率会更高。日本政府的效率很高，之所以日本还在做 PPP，那是因为日本企业的效率比政府还要高。同样发展中国家政府效率不高，企业效率不高，但是企业比政府的效率还是要高，这是一个辩证的关系。

第二在国家层面，国家层面可以从三个方面去认知，第一个是政企关系，第二个是契约精神，第三个是治理能力。第一个政企关系，树立起健康正常的政企关系对中国非常重要，不能一提政企就是官商勾结，利益输送。第二个契约精神，PPP 中用权力、资本、公众利益与投资回报等构建的契约会强制约束政企双方，有利于培育双方的契约精神跟契约理念。第三个治理能力，转变政府职能，让社会资本更好地参与，让政府真正的从过去的大政府变成一个适度政府，从全面有所为到有所为有所不为，把一部分空间让出来，让社会资本来担当，对提升整个国家治理是有好处的。

第三在国际层面，可以从两个方面来看，一个是"一带一路"，另一个是可持续发展。PPP 模式提供的是机制问题，"一带一路"倡议战略，中国的资金要"走出去"，中国的技术和管理要"走出去"，中国也应该借助"一带一路"的机遇输出 PPP 模式。可持续发展与 PPP 的关系非常密切，联合国确定了人类 17 个可持续发展目标，这 17 个可持续发展目标中涉及大量的基础设施，非常适合用 PPP 模式来做。所以，无论从"一带一路"还是可持续发展 PPP 的价值都可以在全球范围内得到很好的认知。

## PPP的理念认同——基于理想谈现实

PPP理念包括"风险分担、利益分享、合理回报、激励相容、契约精神、物有所值、承受能力、长期稳定",一定要搞清楚这些理念,形成参与方的共同遵守,才能形成良好的合作。

风险分担和利益分享。PPP的理念在于谁有能力承担哪方面的风险,谁就去承担这方面的风险,当然相应获取这方面的主要回报。同样道理,谁谋得的利益谁就应该分享更多。

合理回报。合理回报可能是PPP最核心的理念,这是政府与企业博弈的结果,也体现了公平和效率的结合。合理回报不是固定回报,企业成本控制得好,效率提升,获得的回报会比所谓政府认可的合理回报要高一点,这叫激励相容。合理回报是一个全过程的动态调控,有时就叫调价机制。PPP是风险分担、利益分享,它与自负盈亏是对立的,因为自负盈亏是彻底市场化的理念,但是PPP项目它是个半市场化的东西,风险分担、利益分享、合理回报、激励相容这些才是真正PPP的理念。

契约精神。一方面我们要讲PPP的完全契约,在没有重大问题发生之前,双方必须严肃的按照完全契约去认真履约,但是一旦出现重大的不能预知的事项,这个时候双方都不可以坚持一成不变的完全契约理论,而要依据公众利益最大化去修改完善契约内容,这就是不完全契约理论,是更高境界的契约理论和契约精神。所以,二三十年的PPP契约一定是一个完全契约加不完全契约,以完全契约为基础,再考虑关键点与关键事件发生时的不完全契约性调整,

金融鹏程

这才是完整的契约精神。

物有所值。从政府角度说物有所值是指政府需要分析计算，项目是政府自己单独干还是用PPP模式引进企业来干更划算。这里要注意的是政府做项目可以做成非盈利，而企业必须获取合理回报。

承受能力。PPP项目将政府短期集中支付变成一个长期平滑支付，使得原来政府只能同时做少量几个项目变成可以同时做多一些项目。但不管多少还是长短，很多PPP项目政府是需要财政付费或补贴，自然存在支付能力问题，财政部规定PPP项目年度总支付不能超出当年地方政府财政总支出的10%，这个规定是必要的，对政府有好处，实现平稳发展，对企业也有好处，因为提高了政府支付能力。

长期稳定。长期稳定必不可少，首先公共产品和服务需要稳定。其次从企业投资角度来说，既然只能限定为合理回报，只有期限长一点才能收回投资，期限短了就收不回投资。

## PPP的精准操作——基于情理谈法理

第一是关于PPP国家顶层设计问题。这个问题涉及财政部和发改委的合作与分工，工作统一是第一位的，部门分工是第二位的，建议中央最好能够统筹各方面的力量，设置一个权威的机构来统一指导全国的PPP工作，这是国际惯例。同时我建议中央这个集中机构直接操作一部分大型、新型、全国性或跨地区的PPP项目，这样可以积累增强中央集中机构的实操能力，也有利于更好地制定政策和法规。

第二是关于国有企业主导问题。中国的国有企业参与PPP是一大特色，我的观点是，PPP 的成败是第一位的，公私属性是第二位的。PPP 做的是公共产品，失败不得，无论国有企业还是民营企业，谁有能力谁来做。其实，PPP 项目的公益性与国有企业的国有性具有天然的契合性，国有企业更容易接收合理回报。民营企业的主战在市场化的私人产品，它应该在市场竞争中去磨炼与成长。

第三是关于金融结构主导问题。PPP 项目有投资能力、建设能力和运营能力三方面能力的要求，其中投运能力是第一位的，投建能力是第二位。金融机构单独主导 PPP，虽然合法，但不合理，更不容易合格。如果政府只是需要金融机构的投资能力，政府和金融机构可以做一个融资计划，不要以 PPP 的名义进行融资，这会损伤 PPP 的名誉。

第四是关于 PPP 资产证券化问题。资产证券化有积极的价值和意义，但我们要认识到，PPP 资产不同于一般的资产，稳定性是第一位的，流动性是第二位的。PPP 项目资产证券化需要征得所在地方政府的同意。从另外一个角度看，PPP 资产证券化其实增加了资产的风险，可能降低了企业融资成本，按照利益分享跟风险分担的原则，可能还存在政府与企业分担与分享的问题。

第五是关于 PPP 与特许经营、政府购买服务的关系问题。PPP 概念是第一位的，特许经营和政府购买服务概念是第二位的。我们要强调 PPP 的大概念，而不要去把 PPP 概念与特许经营与政府购买服务这几个概念相提并论，这是个大概念跟小概念的区别。政府购买服务成为规范 PPP 的三个基本条件：一是数额不能太小；二是期限不能太短；三是模式不能太简，满足 PPP 条件的政府购买服务纳入 PPP，不满足者才称为政府购买服务。

第六是关于 PPP 操作的其他问题。首先是 PPP 项目的转让权力与转让价格问题，在这个问题上我想国家应该要有明确的规定，PPP

金融鹏程

项目提前退出和转让，关于转让对象和转让价格，项目所在地政府有必要的干预权，否则随意的高价转让会极大伤及政府和公众利益，弄不好会把过高成本转嫁到政府头上。其次是PPP的决策跟咨询问题，在国外PPP项目中，政府更多的是一个执行者，城市议会往往会成为一个决策者，对中国而言，我觉得要更好地发挥人大、政协的决策与咨询价值。

最后关于PPP，有以下几点建议。一是中国PPP，请让理念先行。理念错了，后面的设计再怎么精细都无济于事。二是中国PPP，请量力而行。中国PPP目前做得太多，做得太急，做得太快，做得太大，需要综合考虑政府和企业的能力是否能够匹配，比如政府的项目识别能力和设计能力，财政支付能力，过程的管理能力，以及契约的遵守能力等；企业的投融资能力，技术和管理的能力，坚守合理回报的定力等。三是中国PPP，请简单易行。PPP模式要规范也要尽可能简单，过于复杂和过大的PPP项目都不太容易取得成功。

情怀与格局——PPP的价值认知、理念认同与精准操作

录音整理　林嘉立、袁鉴

从当前经济特征看资产配置

**李迅雷**，现任中泰证券股份有限公司首席经济学家兼研究所所长、齐鲁证券资产管理公司首席经济学家；同时还担任上海市人大常委、人大财经委委员、九三学社中央委员等。中国金融四十人论坛特约成员，上海新金融研究院学术委员、中国首席经济学家论坛副理事长。

李迅雷从事宏观经济、金融与资本市场的研究20多年，曾先后任国泰君安证券首席经济学家、海通证券副总经理兼首席经济学家；编著、翻译经济及证券类书籍多部，并在各类学术性刊物上发表论文、研究报告百余篇，所主持各类课题曾多次获奖。

作为最早从事国内证券市场研究的人士之一，曾多次被权威媒体推选并赋予"本土杰出研究领袖""上海市十大青年经济人物""沪上十大金融创新人物""年度最佳首席经济学家"等荣誉。

# 从当前经济特征看资产配置

**【编者按】**

2017年5月12日上午,"金融鹏程大讲堂"第14期顺利举办。中泰证券兼齐鲁资管首席经济学家李迅雷先生从外部环境、人口、投资、货币、收入结构和政策等六个维度对我国经济进行分析,先后剖析了国际形势、国内金融市场及居民资产配置状况,并提出了资产配置的相关建议。

**【核心摘要】**

受益于全球经济复苏,中国出口回稳向好,外部环境整体有利于国内经济。人口老龄化等因素导致国内经济下行,政府主要采取加大基建投资等方式稳增长,但长期靠投资拉动经济的模式会导致货币持续大规模扩张,而从带来高杠杆和资产泡沫等诸多问题。

货币过度扩张的背景下,居民收入分化加剧,高收入群体财富快速增长,而中低收入群体消费不振。目前,国内居民家庭资产中房产配置过高,权益类资产占比偏低。楼市、股市、债市泡沫明显。

今年经济增速将呈前高后低的走势,消费疲弱致使CPI处于低位,出口开局良好但长期不容乐观。家庭资产配置上,建议适当增配港股和黄金,楼市可以关注人口流入量大的三线、四线城市结构性补涨机会,蓝筹股的配置价值提升,债市收益率水平已处于高位,可适度增配。

我在今年初写了一篇文章,从外部环境、人口、投资、货币、收入和政策六个维度来看宏观经济,逻辑在于影响经济的因素众多,若只从一两个因素去分析和预测经济走势,看起来很简单,结论也比较明确,但往往会有失偏颇。今天,我分别从外部环境、人口、投资、货币、收入和政策这六个维度对中国经济进行分析,虽然也未必全面,但力求更客观。

## 全球经济弱复苏与中国经济的投资依赖症

第一个维度是外部环境,即看全球经济和政治的变化。2017年,欧美日经济均处于复苏之中,但是一个弱复苏,虽然通胀预期都有所抬头,但总体不是太强,所以,这一轮的经济复苏比大家预期得要差一些。其中,美国经济走势相对好一些,2010年以来一直保持同比正增长。中国出口受益于全球经济复苏,摆脱了前两年的负增长局势。

美联储今年会继续加息。美国是否会加息主要看两个指标,一个是CPI,另一个是就业率。目前美国的失业率达到了历史低点,故可能会继续加息。有人说,今年美国接下来会加息三次,而我认为再加一次的概率更大,因为全球经济进入了一个新常态,不是说美国自身经济好了就可以多加息。我更倾向于美国在今年6月加一次息,之后则未必。

特朗普经济学主要有减税、医改、去监管、贸易保护、移民政策和基建投资等方面,但都很难解决潜在增速下降这一核心矛盾。研究特朗普的政策还要看他的执行力有多大,我认为美国政府推动基建投资的能力不宜高估。美国政府投资分为联邦政府投资和州政

金融鹏程 大讲堂

府投资，州政府拉动基建投资靠联邦政府，而联邦政府的投资又分为国防投资和非国防投资两块，其中防务性投资占美国联邦政府投资的一半，联邦政府在防务性投资上投入巨大，近年来非防务性投资占GDP的0.8%左右，在过去29年中最高也未超过1.2%，此种情况下政府部门怎么可能拉动基建投资呢？

就目前情况来看，我认为我国的外部形势比年初要好，习总书记访问美国取得了较好的成果，不仅避免了特朗普政府对中国实施贸易惩罚，而且还让人民币摘除了"操纵"的标签，外部环境对中国整体经济是有利的。

接下来我谈到的人口、投资、货币和收入四个维度都是内部中长期因素，是决定中国经济长期走势的主要因素。

有些人比较乐观，认为中国经济正走在上升通道中，而我认为中国经济处于长期缓速的下行趋势中。我国GDP的增速虽然下降，但经济体量还是在增加的,今后也一定会在经济增速下行过程中成为全球经济体量最大的国家。

国际历史经验表明,所有经济成功转型的国家在转型过程中经济增速无一例外都是下行的,转型只有靠下行才能实现,增速上行的转型国家不可能有,经济上行怎么转型呢?

那么,中国经济为什么会下行呢?

首先,从中长期看,经济增长主要体现为人口现象,人口决定了中国经济的中长期趋势。根据国家统计局公布的数据,过去五年农民工进城数量大幅下降,2016年农民工数量为28 171万人,比上年仅增加424万人,增速为1.5%,其中外出农民工数量只增加50万人,而今年第一季度则首次出现了负增长。同时,人户分离人口数量自2015年首次下降400万人之后,2016年再度下降200万人。上述数据表明中国目前人口流向出现了逆转,过去是从农村到城市,从三、四线城市到一、二线城市;现在是从城市流回农村,尤其今年第一季度外出农民工数量出现负增长。经过了这么多年的经济增长,中国农业人口可转移的数量已经在减少了。

我过去曾计算过,中国农业人口数量被大大高估了,从事第一产业的劳动力数量被高估了一个亿,而城市化率则被低估了。国家统计局公布的城市化率为57%,按照我的算法则超过60%了。我的算法很简单,不是去计算城市的常住人口,而是用农村的常住人口数量得出农村化率,你会发现数值是很低的。

我始终认为流动创造价值,人口流动越大,劳动力的供给就越充裕,对经济增长的促进作用就越明显;资金的流动性也一样,货币增量越大,经济增速也就越高;商品的流动性同样如此,进出口贸易、国内贸易流动性越大,对经济的拉动作用就越强。中国的流动人口数量自2015年开始减少,为什么外出农民工数量会减少呢?

金融鹏程

因为人口老龄化，故人口老龄化影响劳动力供给，从而引发经济下行。除了经济之外，还有很多社会问题也与人口相关。从德国、日本和韩国的情况可以看出，经济从高速转为中速增长时，城市化率的提升幅度会大幅下降。

第三个维度是投资，经济增速下降时，"稳增长"靠投资。中国经济增速虽然在下行，但投资占GDP的比重却一直在上行，反映出我国"稳增长"主要靠投资拉动。这几年，我国经济能够走L型的前提就是投资，否则将会是一个下行的走势。另外，我国经济对投资的过度依赖，导致了经济结构的扭曲。

从投资的内部结构来看，由于制造业投资回落，故稳投资主要靠基建。2014—2016年，中国制造业投资从13.5%降到4.2%，而基建投资增速则从2012年下半年至今一直处于较高位置，这几年更是维持在17%，这样才保持了经济的平稳。但基建投资高增长的代价，就是全社会杠杆率的快速上升。

不知大家是否知道西方学者总结的"530"现象，就是一国五年信贷规模增长超过30%就会引发金融危机。那么，为什么国内信贷已远超这一比例，却并未引发金融危机呢？因为我国政府的资产负债表非常好，组织经济资源的能力大概是美国政府的8倍。当然，我国政府也很担心发生美国次贷类似的危机，故从2016年下半年以来不断加强金融监管力度。投资拉动增长的模式有利有弊，比如高速公路、高铁就是靠政府组织各方资源，通过基建投资拉动的，确实推动了中国经济和社会的发展，但代价就是债务增长过高，高杠杆率问题比较严重。

投资拉动增长的模式导致货币持续大规模扩张。2004年，中国M2规模不及美国的50%，而美国M2规模比日本低；2004—2009年，中国M2规模超过了美国，美国又超过了日本；2009年，我国为了应对美国次贷危机而推出了两个 4 万亿元。货币高增长的背后是债务的高增长,债务大幅攀升又导致货币大规模扩张。所以,2009 年之后中国的货币扩张非常惊人,2016 年,中国 M2 规模已经超过美国、日本两国之和了。

金融膨胀态势短期难以改变。现在,银行的同业存单规模扩张非常大,短时间内很难缩减,因为同业很多业务都掺杂在一起,链条越搞越大、越搞越复杂,里面又加了杠杆的因素,造就了中国金融业的繁荣景象。2015—2016 年,我国金融业增加值占到 GDP 的 8.4%,而美国只有 7.2%,欧洲低于 8%(英国略高为 8.1%),日本只有 5%。

简而言之,人口老龄化导致人口流动性减弱,人口流动性减弱导致劳动力年龄人口数量减少,生产要素中人力资源成本上升,劳动生产率也下降,故经济减速。当经济增长减速时,要实现稳增长就要靠投资拉动,而投资拉动导致债务增长和货币扩张,货币过度扩张又带来杠杆率上升和资产泡沫等诸多问题。

## 资产泡沫与家庭资产配置结构扭曲的现象

我国居民收入分化加剧,高收入群体财富高增长,中低收入群体则消费不振。据波士顿咨询公司估算,2015 年末中国个人可投资资产总额约为 110 万亿元,其中高净值家庭(家庭可投资资产 600 万元以上)为 20 万户,占全国总家庭户数的比例低于 0.5%,但拥有的可投资资产占到 41%,且未来这一比例可能将进一步上升,而我国城镇居民可支配收入的增速却非常缓慢。因此,一方面,是少数人的财富快速增长;另一方面,是大多数人的收入增长缓慢、甚

至低于GDP的增速,从而在货币持续大规模扩张背景下,导致了"资产荒"与通货紧缩并存的现象。

楼市:高房价背景下居民不断加杠杆,楼市泡沫明显。货币过度扩张导致资产荒,既然房价在涨,居民就要加杠杆买房。粗略估计,去年购房费用占城镇居民可支配收入的23%,即将近四分之一。也就是说,去年全体城镇居民拿出了近四分之一的钱支付购房费用(包括首付及还房贷的钱),这是非常惊人的。此外,去年四大行新增贷款中60%以上是居民房贷。由此可见,全民炒房已是非常明显。中国的房价收入比也较高,大概为20多倍,这就是中国目前的楼市泡沫。

目前,A股整体平均市盈率为36倍,其中,上交所股票市盈率为16倍不算高,但市盈率的中位数大概为70多倍,从全球看还是很高的,如目前超过1 000家上市公司的市盈率在100倍以上。在监管部门对借壳上市、并购重组和定向增发的行为进行严格监管的背景下,高估值的中小市值股票的"壳价值"在缩水,这导致从2016年以来的中小创股票价格大幅下跌。不过,对于低市盈率的大盘蓝筹股而言,价值投资的机会也出现了。

债市:泡沫同样不可小视,但基本属于"刚性泡沫"。楼市有泡沫,股市有泡沫,债市的泡沫也不可小视。美国、日本、欧州和印度的10年期国债收益率跟其名义GDP增速都是比较接近的,尤其是美国,10年期国债收益率和名义GDP增速基本在一条线上。而目前国内10年期国债的收益率为3.6%~3.7%,远低于中国名义GDP增速,两者的巨大差距说明国内债券的价格被严重高估了,但这种高估是由货币过量引发的,金融的管制使得我们不能以西方国家的标准来看中国债市的泡沫。在刚性兑付未必打破、资本流动受到限制的情况下,债市的泡沫长期不破,实际上已经"刚性化"了。

## 把握2017年政策机会——稳中求进下的底线思维

最后一个维度是政策，目前的政策机会就是"稳中求进"下的底线思维。过去，我们听到比较多的是中国经济要实现跨越式发展、弯道超车，现在为什么讲"稳中求进"呢？因为跨越增长和弯道超车的时间久了之后，杠杆率上升了，系统性风险增加了，这时就不能再出现大的波动，一定要稳。"稳"有两个含义：一是要稳增长；二是要不发生系统性金融危机，这是今年的两大重要目标。

今年实现稳增长应该没问题，第一季度我国GDP增速为6.9%，全年应是呈现一个前高后低的趋势，这与政策息息相关，货币政策从稳健回归到中性有收紧趋势。监管的加强更是政策收紧的一种体现，故经济增速还会进一步回落。具体来讲，制造业投资可能会回升，基建投资和房地产投资可能会回落，整体来看全年投资增速应该也会回落。

消费增速可能也会下行，受购房费用等支出过大的影响，一般性消费有限。当然，与住宅相关的消费如家电、家庭装修、家居用品等，相对而言会有较快增长。由于经济增速下行，可支配收入增速也下行，农民工的收入增速也将下行，这就使得今后消费增速回落成为大趋势。如果消费疲弱，则CPI也会处于低位。

汽车销量增速下行，更新换代需求下降。2016年，我国汽车销售对GDP的贡献非常大，而2017年汽车销量的增速也下行了，主要因为三年左右的更新换代周期已基本结束，加之车辆购置税的补贴政策减码，全年汽车销售形势并不乐观。

出口开局良好，但前景不容乐观。2017年，我国出口开局良好，

金融鹏程

全年也一定会实现正增长,但长期来看形势不容乐观。2016年,我国出口降幅高达7.7%,第四季度降幅收窄至5.2%;2017年第一季度,出口增速提升至14.8%。受大宗商品价格同比大幅上升的影响,第一季度进口价格总体上涨13.5%,进口额达到2.87万亿元,增长31.1%。相比第一季度,第二季度外贸进出口基数抬高了16%,维持快速增长的难度加大。

总之,我对2017年中国经济的判断是"稳增长"没有问题,也不用担心会有大的问题出现,房价能够稳住而且可能继续上涨,股市继续下跌。GDP增速呈前高后低趋势,估计2017年还是6.6%的水平,对CPI和PPI也不用担心,总体来讲目标能够实现,阶段性的投资选时时机主要在临近党的十九大召开之际。

## 资产配置——看好大消费与国际定价投资品

最后,跟大家交流一下关于资产配置的观点,首先,对于楼市与股市,我认为都没有趋势性的机会,也就是说不大会有向上的趋势性机会,但会有结构性的机会。

楼市的结构性机会,其实就是一个补涨现象。我比较了上海和安徽两地发现,2010年以前,上海人口大幅流入增长了40%,而安徽人口在2000—2010年是负增长;2010年至今的7年时间里,上海人口仅增长了4.9%,而安徽人口增速也达到4%;尤其近两年,上海外来人口减少,而安徽人口增速在上升。这就是一个人口聚集的现象,人口流入对当地房地产市场肯定是有利的,所以存在补涨的机会。

从2016年人才流向看,大专以上学历人口流入比重最高的城市是杭州,其次是长沙、武汉和深圳。二线城市人才流入比重也在明显增加,投资机会可能会更多一些。目前,中国大城市化率的提升主要是向二线城市集中。合肥、厦门、郑州的房价上涨更多体现为大城市化,南京则有补涨成分,贵阳作为西部地区,尽管人口净流入,但收入水平偏低,房价难涨。

大类资产配置中,权益类资产的投资价值在提升。从大类资产配置来讲,国内房地产配置过高,权益类资产配置过低。从估值水平看,创业板的整体估值过高,有回落压力;房价租金回报率是1.5%,创业板的回报率是1.3%,理财产品收益率约4.0%,但大市值蓝筹股的回报率达6.1%。所以相对来讲,大类资产配置中,低市盈率的蓝筹股的投资价值在提升。

在行业配置方面,周期性行业应更关注波段性机会。如果把A股划分为五大板块,分别是上游、中游、下游、成长和大消费,那么,大消费板块最近表现会比较好。周期性板块只有一个波段性机会,而大消费应该可以获得超额收益。当然,大消费的范围很广,我所说的大消费包括大家电、小家电、日化用品、化肥农药、轻工制造、中药、化学制药、生物技术、医药、商业、白酒、其他饮料食品、商贸零售等。

金融鹏程 大讲堂

我们中泰证券研究所参照著名的"美林时钟",推出了基于四个维度分析的"中泰时钟"。根据"中泰时钟"的研究成果,我们认为债券收益率的演进轮回顺序基本是"风—花—月—雪—风—……",循环往复。所谓"风",就是收益率处于高位的时候;所谓"花",就是收益率往下走的时候,此时应积极买进;所谓"月",就是收益处于低位的时候,此时需谨慎;所谓"雪",就是收益率抬升的过程,则需要回避。目前债市就处在"雪"的阶段,收益率还会有继续抬升的动力,但速度已经放缓,可以适度分批买入。

增配港股与黄金资产。总体来讲,由于目前国内资产泡沫明显,故建议加强对海外资产的配置。港股目前依然在往上走,美股也是,A股在往下跌。从投资角度来讲,我认为目前仍然可以配置港股。

黄金估值回归的三大逻辑:货币超发、供给有限和通胀预期。凡是国际定价的资产,泡沫就相对小。国内的债券、股票、楼市都是国内定价,泡沫就比较明显,估值水平偏高。虽然国际定价的资产相对便宜，但便宜的东西不是马上就会涨，也需要一个机缘巧合的促成过程，所以，我这里说的配置指的是长期配置。

如上是我对资产配置方面的一些粗浅看法，仅供大家参考。

录音整理　师丽霞、白云鹏

金融科技与资产证券化

**林华**，特许金融分析师，美国注册会计师，注册风险管理师。现任《金融会计》编委，中国资产证券化研究院院长，中国资产证券化分析网董事长，中国基金行政管理网CEO，国家发改委、财政部PPP入库专家，兴业银行独立董事，中意资产独立董事，南开大学与西南财经大学兼职教授，厦门国家会计学院客座教授。

在美期间任职于毕马威结构金融部，先后为GE资本、摩根大通银行、世界银行及汇丰银行设计ABS、CLO、MBS、CMBS等信贷资产证券化模型，并负责此类产品的定价和会计处理。归国后曾任中国广东核电集团资本运营部投资总监，厦门市创业投资公司、金圆资本管理（厦门）有限公司总经理。

著有《金融新格局：资产证券化的突破与创新》《中国资产证券化操作手册》《PPP与资产证券化》《Fintech与资产证券化》，译有《全球REITs投资手册》《区块链：技术驱动金融》《商业区块链——开启加密经济新时代》。

# 金融科技与资产证券化

**【编者按】**

2017年5月12日下午,"金融鹏程大讲堂"第15期顺利举办。中国资产证券化研究院院长林华教授从资产证券化解析、金融科技与资产证券化、中国资产证券化市场发展的现状和方向等方面做了全面深入的阐述。讲座内容丰富、案例翔实、观点独到。

**【核心内容】**

金融科技,横轴是金融,纵轴是科技。金融科技的发展短期靠金融,长期靠科技。

金融与科技的交叉点是资产证券化。资产证券化的短期驱动力是利率市场化,长期驱动力是本币国际化。资产证券化是一个融资的工具,是在资产负债表左边融资的方法,是一个表外工具。资产证券化的发展逻辑是一个微笑曲线。资产证券化有两个会计问题:交易中的特殊目的实体是否需要合并入表;资产的转让是否在会计上形成销售。

互联网金融与资产证券化的结合点是互联网的借贷平台,分为信息中介平台和信用中介平台。信息中介平台可以通过创造一个结构来做资产证券化。

人工智能和区块链都是金融业要高度关注的。金融的价值是共识,区块链通过数学的方法产生共识,是区块链最牛的地方。

证券化市场的发展要靠投资拉动,投资者需要培育。

## 金融科技与资产证券化

金融科技，横轴是金融，纵轴是科技。科技进步让金融的广度跟深度不断延伸。早期的算盘，后来的复式记账法、区块链，都是属于科技的范畴。意大利人16世纪搞了复式记账法，跟现在的区块链也是差不多的，在当时都是很革命、很创新的技术手段。金融本质一直没有发生过很大的变化，只是技术、手段不一样了之后，金融的层次不断提高了。

金融具有很强的现金价值，科技具有很强的股权价值。因此金融科技的发展短期靠金融，长期靠科技。短期内通过搞金融，获取现金，长期通过发展科技获得股权增值以及可持续的发展性。

银行现在面临很大的挑战。第一，银行在资产获取上面对挑战，第二，银行在资本市场估值上处于劣势。科技公司赚一块钱跟金融公司赚一块钱，在估值上差异很大，不在一个体系。

金融跟科技的交界点是资产证券化。资产证券化对银行是个机会也是一个挑战。机会就是银行可以通过资产证券化对资产做出表处理，然后降低资产的资本消耗，直接出售做融资。那么挑战呢？目前类金融机构，比如租赁、小贷和保理，将资产做资产证券化之后，把结构化产品卖给银行。如果说类金融机构，以前在表内加杠杆在获利能力上比不过银行，现在如果抓资产比银行厉害的话，不断通过获取优质资产，资产证券化加杠杆，银行可能就搞不过他们了。未来的情况是，类金融机构去抓很多资产，证券化之后，把债券卖给银行。这些客户本来是银行的客户，银行可以直接形成信贷资产，现在变成银行买结构化后的债券了。所以证券化如果被善于抓资产的机构灵活利用，可以通过资产的不断迭代，把银行的资产负债表左边的贷款变成债券。放贷款是利差较厚，是吃肉的，而买债券就是喝汤的。

金融鹏程

# 资产证券化解析

## 利率市场化是资产证券化的短期驱动力

2005年我们国家开始推资产证券化，但是一直推不起来，为什么？因为没有利率市场化，银行如果能够在资产负债表的右边获取低息存款，是不愿意卖资产、做ABS的。利率市场化之后，资产负债表右边的资金成本不断拉高，银行就会觉得出售一部分资产是一个很好的方式。所以，资产证券化短期的驱动力就是利率市场化，这也是美国的经验，随着利率市场化，整个ABS市场就慢慢起来了。

## 本币国际化是资产证券化的长期驱动力

美国的证券化市场能够发展，是通过投资驱动的。贸易逆差使美元流向海外，但是由于美元在中国做不了投资，所以一定要回流美国。由于美元的回流，债券、股票会每天被拉低，对投资者压力很大。美国的经验是，海外机构和个人持有GSE支持证券的规模，1976年才20亿美元，到2006年是12 600多亿美元，还不包括private level的ABS，它规模一共就不到10万亿，海外机构买了有几万亿的规模。贸易项下的美元出去了，要通过资本项下回来。由于美元在美国买国债收益很差，买股票更差，而买房利美、房地美债券的话可能是一个不错的选择，当时就很多人去买这个债券。因此本币国际化这是一个长期的驱动力。

## 资产证券化的六点认识

第一，资产证券化是一个融资的工具。

第二，资产证券化是在资产负债表左边融资的方法。传统融资在右边，会计处理是借一个现金贷一个负债，左右两边同时扩张，证券化是借一个现金贷一个资产，把资产搞出去钱换回来。这叫盘活存量，是报表左边融资的工具。

第三，因为在报表左边做融资，所以它是一个表外工具。表内的核心是报表右边。所以在报表左边做融资，资产出去一块钱回来一块，那就是一个表外融资工具。

第四，会计合并是 ABS 的一个很重要的内容。中国的金融创新跟美国有很大差异，美国的金融创新讲的是金融工程，很多的 ABS 都是用一个模型，把全部的风险都并价在一个模型里面。中国金融创新讲的是会计、法律跟税务，还有评级，所以我们可能更多的创新是在环境上的创新，定价可能就不是在模型上，而是在会计和法律上，所以我们很多的监管都是围绕这块去展开的，包括评级、资本充足、会计处理和风险资本约束等。

第五，资产证券化的核心是为了投资，而不是融资。银行抓资产最黄金的时候是 2000 年到 2013 年，这段时间放贷款很容易。现在可能银行的放贷款能力都比不过类金融机构。资产证券化的核心是融资为了投资，通过资产迭代，提高资产周转率，来提高整个公司评级，然后赚更多的钱，这是整个 ABS 的核心。

第六，资产证券化的发展逻辑是一个微笑曲线，最底端是投行。投行业务公关是靠能力的，成本越做越低。有了资产证券化，银行应该干得比券商好，为什么？银行有钱，只要投行这块做得比券商好，你就可以往两端移动，客户多，前端抓资产，然后证券化，后端就投资财富管理，就一条路切过去了。

金融鹏程

## 企业证券化与资产证券化

资产负债表右边的融资叫作企业证券化（发股、发债），企业证券化的融资主体是公司，公司最大的特点是不会死，是永续经营的载体，所以公司做融资一定要讲故事。资产证券化是在报表左边做融资，用的主体是SPV，券商资管计划或者信托计划。SPV跟公司一个很大的差异是，SPV一定会死，是由购买的资产的生命决定，资产总量、期限和风险都是固定的。所以在报表的左边通过资产证券化融资是一个数学问题，分配信用风险、期限风险和流动性风险。

报表左边的资产有三大类，在央行和银监会批的叫作信贷资产证券化，非金融机构发的叫作企业资产证券化。另外一个就是REITs，在中国目前REITs属于ABS，其实在美国REITs不叫作ABS，专门有一类资产叫REITs。

我觉得在中国推REITs一定要先推PPP。针对PPP项目资产的REITs没有税收的问题，地产REITs的税收问题则比较严重。把资产通过REITs公募发行出来，可以降低成本，给财政降负担。所以中国的REITs应该是通过PPP先推，推完之后再推地产，应该是这么一个逻辑跟方向，这跟目前我们国家整个的政治大局是一致的。

资产负债表左边应收账款对应这三大类，一个是信贷类的应收账款，一个是企业应收账款，还有一个地产。地产跟应收账款有共同点也有差异点，共同点是保有现金流，差异点是地产有折旧，应收账款摊销，折旧是可以减税的。折旧只能在一个项目公司层面才可以减税，把折旧拿到信托层面的话是没法减税的，所以做地产类项目一定是SPV+项目公司的结构，项目公司下面挂了一个资产、物业这么来做。中国目前做的所谓的REITs全部是CMBS，不是REITs。

PPP是财政部的表外融资工具，证券化是企业表外融资工具，PPP和证券化是表外对表外。我和几个朋友写了一本书，叫作《PPP

与资产证券化》，2016年5月出版，当时没什么反应。到年底的时候，发改委拉了证监会出了一个文，叫2698号文，推动PPP项目资产证券化，后来财政部拉了央行也要求在银行间发PPP项目资产证券化，一下子就热闹起来。PPP的逻辑跟证券化是一样的，PPP讲究无追索项目融资，证券化讲究破产隔离，这两个是相通的，都是表外工具。

证券化成功要有三个驱动力。第一个是成本，出售资产与表内融资到底哪个更便宜。第二个是资本金，银行的规模做到几千亿的时候，如果能通过出表型的交易把资产卖掉，换回来钱再投资，可以降低资本的消耗。第三个是发起方有很强的投资能力，可以通过高效地使用资金，通过快速迭代改善资产质量，改善评级，降低成本。所以证券化的核心还是投资，如果不会投资的企业做了很多的ABS，然后把钱拿到之后投不出去是很大的问题。除了这三个最核心的驱动力外，证券化的成功当然还包括久期的搭配、改善流动性等。

其实目前中国很多机构证券化都更多聚焦在融资这个层面，把ABS更多定义为是融资这个层面的事情。证券化做的更高境界是把它当成战略。宝马成本5万美元，卖了10万美元，如果找到了一个信用很好的客户，给一个零利率贷，卖价10万美元，尽管拿1万美元的销售利润来补贴利息成本，但是5万美元的库存变成了10万美元的应收账款，利润就已经实现了，然后把应收账款证券化，钱拿回来再来放贷款。

## 资产证券化的会计处理

ABS是一个表外融资工具，会计合并是个大问题。会计准则包括公允价值会影响到资产价格，资产价格反过来影响资本充足率，在经济下行周期，就会影响到融资、再融资能力，又影响到银监会对资本监管的要求，这几个是连在一块儿的。

金融鹏程

资产证券化两个会计问题：第一，交易中的特殊目的实体（SPV）是否需要合并入表。第二，资产的转让是否在会计上形成销售。按照美国准则，合并了SPV是一定不能终止确认的；中国会计准则延续国际标准，合并了SPV之后还能够终止确认。

举一个《金融新格局》书中的例子。一个银行总资产400亿美元，股权50亿美元，在没有进行证券化的情况下，利润1.44亿美元。资产中有贷款250亿美元，其中100亿准备拿来做证券化，优先档90亿美元，次级10亿美元，超额利差1.5个亿美元，服务值0.5个亿美元。

表1　　SPV无须合并入表，资产的转让形成销售

| 资产负债表（亿美元） | 季度初 | 正常季度末 | 资产证券化 | 证券化后季度末 |
|---|---|---|---|---|
| 现金 | 30.00 | 31.44 | 89.96 | 121.40 |
| 证券投资 | 70.00 | 70.00 | 10.00 | 80.00 |
| 贷款-持有 | 150.00 | 150.00 |  | 150.00 |
| 贷款-拟证券化 | 100.00 | 100.00 | (100.00) | — |
| 其他资产 | 50.00 | 50.00 | 2.00 | 52.00 |
| 总资产 | 400.00 | 401.44 | 1.96 | 403.40 |
| 客户存款 | 250.00 | 250.00 |  | 250.00 |
| 证券化借款 |  |  |  | — |
| 短期负债 | 40.00 | 40.00 |  | 40.00 |
| 长期贷款 | 60.00 | 60.00 |  | 60.00 |
| 总负债 | 350.00 | 350.00 | — | 350.00 |
| 股本 | 40.00 | 40.00 |  | 40.00 |
| 未分配利润 | 10.00 | 11.44 | 1.96 | 13.40 |
| 股东权益合计 | 50.00 | 51.44 | 1.96 | 53.40 |
| 负债和股东权益 | 400.00 | 401.44 | 1.96 | 403.40 |
| 股东权益比例 | 12.50% | 12.81% |  | 13.24% |

第一个情形，如果SPV不需要合并能出表就能做终止确认，现金回来了90亿美元，减去400万美元承销费，收到了89.96亿美元，然后证券投资次级10个亿，超额利差跟贷款服务权的价值2个亿美元，所以总的资产增加了1.96个亿美元。这里利润是1.96个亿美元，

所以整个的资产负债表是从最早的 400 亿美元到 401.44 亿美元,加个 1.96 亿美元,到 403.40 亿美元。

未来的消费金融的银行,我认为从报表右边做大的机会已经不存在了或者很小了,现在再去做一个兴业、浦发这样大规模的银行难度很大了,现在再做大银行的机会在报表的左边。你很会投资,投资能力非常强,加上证券化,快速迭代,把资产都扔给别人,把利差留给自己,就搞成了交易型的银行,像淘宝、京东、蚂蚁,包括现在搞的民营银行。养一个银行很费钱,如果钱放在表内,搞 1000 亿美元,100 亿美元资本金,搞 1 万亿美元,1000 亿美元资本金,哪一个民营企业养得起?所以核心还是你要会投资,把资产拿去卖,然后一定要结合一个大类的资产的成长,说哪个类别资产成长得快,你跟着这块资产成长。原来是住房抵押贷款,现在可以做消费金融。

表2　　SPV 需要合并入表,资产转让不能形成销售

| 资产负债表(亿美元) | 季度初 | 正常季度末 | 资产证券化 | 证券化后季度末 |
| --- | --- | --- | --- | --- |
| 现金 | 30.00 | 31.44 | 89.96 | 121.40 |
| 证券投资 | 70.00 | 70.00 |  | 70.00 |
| 贷款-持有 | 150.00 | 150.00 |  | 150.00 |
| 贷款-拟证券化 | 100.00 | 100.00 |  | 100.00 |
| 其他资产 | 50.00 | 50.00 |  | 50.00 |
| 总资产 | 400.00 | 401.44 | 89.96 | 491.40 |
|  |  |  |  |  |
| 客户存款 | 250.00 | 250.00 |  | 250.00 |
| 证券化借款 |  |  | 89.96 | 89.96 |
| 短期负债 | 40.00 | 40.00 |  | 40.00 |
| 长期贷款 | 60.00 | 60.00 |  | 60.00 |
| 总负债 | 350.00 | 350.00 | 89.96 | 439.96 |
|  |  |  |  |  |
| 股本 | 40.00 | 40.00 |  | 40.00 |
| 未分配利润 | 10.00 | 11.44 | — | 11.44 |
| 股东权益合计 | 50.00 | 51.44 | — | 51.44 |
| 负债和股东权益 | 400.00 | 401.44 | 89.96 | 491.40 |
| 股东权益比例 | 12.50% | 12.81% |  | 10.47% |

第二个情形，如果需要合并，不能出表，现金多了90个亿美元，负债多了90个亿美元，整个资产负债表从401.44亿美元，加89.96亿美元，到491.40亿美元。就是我们国家的银行，包括金融机构，三十年来干的活。现金多了，资产负债表左边不行，不够了右边补一点，右边补多了左边加一点，就像水多了加面，面多了加水，表内搞。这种逻辑也没有问题，但是如果按这种逻辑，资本耗得厉害，所以如果阿里搞小贷，通过后续证券化迭代就是产融结合；如果不搞 ABS 的话，你搞个1万亿的服务，你要几千亿资本金，马云再厉害哪有这么多钱来补资本金？就活活把科技企业搞成了小贷公司，搞成银行了，那对美国来讲监管适用的法律都变了。如果放在表内，ROA 下降，ROE 不变，所以规模做大的企业，信托也好，银行也好，资产回报率就很低。

**资产证券化与金融危机**

证券化为什么会发展？是有买方、卖方的原因存在，美元资产的过度需求，贸易利差要回流到美国去买债券。如果人们很想买债券，发行方就使劲放贷款，把贷款搞成原料，加工成债券卖给你。有人说做空是产生危机的根本，其实所有危机的根源在于买，而不是在于卖，卖是一个自我纠正的措施，买的时候就造成了危机。人们这么喜欢买债券，美国那些好的贷款卖光了怎么办？就制造贷款，给那些不符合条件的人放贷款。

当时美国的次贷危机其实是2007年6月开始的，美国的贝尔斯登搞了两个 ABS 破产了，投资者开始对 ABS 产生怀疑，很多投资者觉得这个不能买了。机构投资者减少买债券，信托里面的贷款就卖不出去，那么银行贷款也卖不掉。美国银行有两种，一种是储蓄银行，有存款的，另一种没有储蓄，全是靠卖贷款的。现在贷款卖不掉，那没钱放贷款,所以银行就减少放贷,买房者的购买力下降,之后房屋价格下跌。如果是零首付就违约,违约之后然后信托出报告说贷款违约了,100万的贷款,房屋卖了剩下80万,本来是害怕,后面发现有损失,就更不买,银行的贷款就更卖不掉,房价就不断地跌,循环就出来了。

之前我创造了一个词汇,可能不见得对。我说全球的货币发行都是房本位,不是金本位了。美国那么牛的国家,它们在搞次贷危机的时候又搞QE,QE拿来干什么用?QE是拿来救房价的,买MBS,买完MBS就是放房贷,把房屋价格也救起来。这就是一个循环,人们不买证券,银行贷款就卖不掉,所以银行破产、倒闭了,次贷危机就出来了。其实这里面真正次贷的也没多少,关键是杠杆高,规模实际不大,但是搅得天翻地覆。证券化是天生从娘胎出来就带杠杆的,美国这个产品又加了杠杆,之后就是一个循环。

银行贷款高的违约率导致贷款的损失跟违约率上升,导致银行资本金不足,而这个时点资本金的融资成本跟难度都很大。投资者开始是不相信次贷的ABS,后面又演变成对所有的ABS不相信了。信用卡贷款、汽车贷款、学生贷款的证券化,凡是ABS,投资者都不相信,后来才救市。我在美国上学的一个老师,是做风险管理挺牛的一个教授,他说所有的金融危机的传导路径都是先从信用风险开始,信用风险的亏损产生恐慌、产生流动性的风险,流动性风险会有传导性,会产生系统性风险,次贷问题通过亏损就没有交易,流动性的压力然后就产生系统性的风险。

第一,投资者不相信银行的结构及债券产品,银行失去了重要的融资渠道,信贷减少,贷款违约率上升,银行越不贷投资者就越违约,银行的资产质量越恶化。

第二,银行不信客户,就不放款,导致商业信贷减少。商业信金融鹏程

贷减少会导致失业，失业完了之后银行的资产质量会进一步恶化。消费者最早违约是信用卡，然后是商业地产贷款，最后是住房抵押贷款。

第三，银行之间互不相信。所有加杠杆的业务，在特定时期都是相通的。雷曼兄弟与摩根大通，平时拿一个债券去做回购，100块拿过去，99块出来了，7天的、40天的回购很轻松，所以投行是基本上没有现金流，都是加杠杆。后来次贷的时候，摩根大通就跟雷曼兄弟说，现在没法给100块那么多现金，只能给80块，并且要AAA级的抵押品，当时美国次贷的时候根本上就没几个AAA的。雷曼破产之后投资者极度恐慌，降低了资产价格，财政部开始说要发国债，作为资本金，就给银行做核心资本，然后实施不良贷款的购买计划，为货币市场提供资金担保。美国影子银行的存款就是货币市场基金，货基低于1块钱，影子银行会被挤兑，也很麻烦的。所以当时美国财政部去担保，只要是货币市场基金的价格低于1块钱，财政部就补贴，就为了稳住整个影子银行的规模，这个就是当时出的政策，美联储充当终极借款人角色，在危机时为金融机构提供贷款，危机结束之后提供QE的支持。

对于中国房价，我提几点思考。第一，货币是负债，只要发了货币就是负债。第二，有了负债就要资产来平衡，中国目前两个最大的资产就是房产和股票。第三，货币的边际效应对房产远大于股票。比如深圳，每天可交易的房产千分之一都不到，而股票可交易量可能20%，所以货币增发稍微多一点，房价就涨上去了，涨完之后按照公允价值，会对周边的房产产生很大的财富效应。然后财富涨了之后银行的抵押就多了，可以进一步放贷，又没有做空机制，所以就导致我们的房产只能涨不能跌，从货币的边际效应来看的话，货币增发对房产的影响是比股票大得多。

# 金融科技与资产证券化

## P2P 与资产证券化的结合点

互联网金融与资产证券化的结合点,是互联网的借贷平台,只有以科技驱动的借贷平台才可以做 ABS。借贷平台有两种,一种叫作信息中介平台,另一种信用中介平台。信息中介平台照道理是不能做 ABS,因为它没有资产,你借我一笔钱,我借你一笔钱,这个平台是没有资产的,是没法证券化的。信用中介平台,像电商、京东、阿里、淘宝,搞了小贷,是有资产的,它们可以做。

但是信息中介平台其实也可以做 ABS,证券化可以大大降低资金成本,增强资金的稳定性,提供低成本、长期、没有追索的融资。P2P 原来那个模式不好做,一个大资产,然后分拆卖给个人,负债端很分散,资产端很集中。首先中国投资者要的回报率高,个人要 8%,机构 4%~5%,分散负债的话成本很高。第二个问题是稳定性,负债端搞那么分散,稳定性有很大的问题,这个肯定会管得很严的。所以这个方向是错的,应该反过来,把资产端搞得很分散,负债端搞的集中。资产端搞得很分散,搞普惠金融,符合国家的大政策,然后把分散的资产通过证券化卖给银行,银行是稳定集中的负债端。京东、阿里巴巴包括百度都是搞消费金融,然后是普惠金融,之后搞证券化,把产品卖给了银行,负债成本低,符合政策方向。

金融鹏程

# Fintech 与资产证券化的引申思考

人工智能和区块链都是金融业要高度关注的。区块链最大的价值是共识，金融的价值就是共识。通过数学的办法产生共识，这是区块链最牛的地方。证券化的流程，发起人可以把资产装到一个 SPV，然后 SPV 里面的资产分拆份额化，卖给投资者。第一步是破产隔离，第二步是份额化，第三步是交易。区块链可以实现这个目标，第一步利用区块链可以把资产映射（mapping）到账本；第二步叫代币化，区块链用的最好的是数字货币，把资产给份额化、代币化；第三步交易，用智能合约。资产证券化在做区块链，最大的难点是在系统里面没有法币支撑。区块链中不能一个币可以对好多资产，一对多就是法币，那肯定就是不行的。没有法币支撑，就可能会出现一个公司，把底下的资产全部映射到账本去；然后产生资产的交易，价值的转移，在一个线上的空间里面实现。比如做资产证券化，交易和结算在里面可以用代币来做，但是一对多目前是不允许的，这只能由央行来做。

# 中国资产证券化市场发展的现状和方向

目前中国的资产证券化产品规模大概 25 000 亿元，发行产品总数大概 1 300 个。2016 年信贷资产证券化的规模不如企业资产证券化，我的解读是，类金融机构比银行业更会做投资。中国的产品，资产类别非常分散，违约率很低，银行间最多的是汽车抵押贷款、住房抵押贷款，还有企业贷款，交易所最多是小贷、消费金融和租赁。证券化的发展方向是微笑曲线，中间是投行，前端抓资产，后端做财富管理。证券化市场发展一定要靠投资拉动，现在投资机构都是按公司债逻辑来买的，不是按资产的信用和信息来买的，对资产的信用分析不够，所以我觉得证券化市场的发展，一定要引入真正能够对资产现金流做深度分析的机构投资者。

资产证券化前面两年都是卖方驱动，投行、产品设计都是卖方驱动，我认为市场要成熟的话还是要靠买方驱动，通过不断地培育投资者，让投资者去买产品，从投资端驱动市场的发展，这才是市场成熟的标志，并且档级可以做得更多、更丰富一点，目前中国的产品只有三个档级，搞个三档投资者就已经不懂了，搞个五档就更不懂了，所以投资者需要一个培育的过程。

每个资产证券化产品，抽象来看，左边是用来证券化的基础资产，右边是证券化后的债券。右边债券是一个资本结构，资本结构中间切一刀，形成两个期权，优先档对自己是一个看空的期权，次级对优先档是一个看涨期权。如果切两刀就会产生四个期权，因为中间档有两个期权。美国产品是30档，58个期权。证券化产品，不断切完之后就会有很多的期权，所以市场的一些细微的变化，对整个的期权定价会产生很大的影响。证券化产品是一个既有债券特征又含有期权的金融产品，所以投资者的培养和教育是很重要的。我认为国内目前三个档还差不多，以后会慢慢发展和演变。

我和团队现在开发的资产证券化分析网也推出了中国资产证券化的价格指数。对每一个资产类别、年份和评级都做这个指数。汽车贷款、住房贷款和租赁，虽然评级都是AAA，但风险是完全不一样的。证券化的产品年份像葡萄酒一样，比如美国市场的次级贷款，2005年发的资产质量比2004年好，2006年发的就一塌糊涂，2007

金融鹏程

年上半年发的根本没法看。所以我们对不同的资产类别、年份和评级搞出了不同的收益率曲线（yield curve），彭博（Bloomberg）也引用我们的收益率曲线，把它挂到彭博网站上去了。

录音整理　舒磊

「一带一路」下的中国资本市场发展与海外投资战略

**祁斌**，1991年毕业于清华大学物理系并留校任教。1992年赴美留学，分别获罗切斯特大学生物物理学硕士和芝加哥大学商学院MBA学位。2006年获清华大学数量经济学博士学位。

1996—2000年，就职于华尔街高盛集团等投资银行。2000年，任中国证监会战略发展委委员。2001—2006年，任中国证监会基金监管部副主任。2006年，任中国证监会研究中心主任。2012年，兼任北京证券期货研究院执行院长。2014年4月，任中国证监会创新业务监管部主任、研究中心主任，兼任北京证券期货研究院执行院长。2014年7月，任中国证监会国际合作部主任。

2016年加入中国投资有限责任公司，担任副总经理。作为中投公司执行委员会和投资委员会成员，负责中投公司研究部、投资运营部相关工作。

曾主笔《中国资本市场发展报告》（2008年），《中国资本市场二十年》（2012年），译著《伟大的博弈——华尔街金融帝国的崛起》（2005年），编著《资本市场：中国经济的锋刃》（2010年），《未来十年——中国经济的转型与突破》（2012年）等。2011年10月29日，曾为十一届全国人大常委会作题为《资本市场与中国经济社会发展》的专题讲座。

# "一带一路"下的中国资本市场发展与海外投资战略

## 【编者按】

2017年6月30日上午,"金融鹏程大讲堂"第16期顺利举办。中国投资有限责任公司副总经理祁斌先生从国际国内形势、中国资本市场的发展、"一带一路"建设中优化对外投资等方面做了全面深入的阐述。讲座内容丰富,有知、有智、有趣。

## 【核心摘要】

习近平主席提出的"一带一路"倡议开启了全球化的新征程。"一带一路"的核心是经济合作和互联互通。在经济方面的核心内容是交换比较优势,打破贸易壁垒,创造更大的规模效应。

2015年以来,中国海外并购的热点领域从资源能源转向高科技、制造业和消费类产业,折射出中国经济从对外出口占重要地位向内需为主的深刻转变。我们要适应形势发展变化,将"一带一路"建设和供给侧结构性改革有机结合起来,在"一带一路"建设中优化对外投资。"一带一路"建设参与国中既有发展中国家,又有发达国家,应针对它们的不同特点采取相应的投资策略,但其核心都是充分发挥中国与这些国家各自的比较优势,取长补短,互利合作,实现共赢。

在投资方面,中国海外并购可以关注四大领域:一是先进制造业,二是TMT(科技、媒体和通信),三是生物医疗,四是消费行业。中国企业可以重点关注这些领域,推动中国与发达经济体的产业合作,加快中国产业升级步伐。

## 分析国际国内形势

分裂的社会与反叛现实，特朗普新政效果初显。特朗普当选后，美国《时代周刊》的封面文章称其为"美利坚分裂国总统"，意为此次美国大选充分揭示了美国社会两极分化和高度对立的现状，社会精英对决草根阶层，政治正确对决离经叛道，非典型从政商人对决职业政客等。结果是"农村包围城市"，现实战胜理想。英国《经济学人》的封面文章把特朗普称为"白宫里的叛乱者"，揭示了美国社会的基本矛盾已从传统的民主党与共和党所各自代表的劳动者与资本拥有者的矛盾转化为既得利益集团或建制派与失落的蓝领工人加中产阶级之间的矛盾。特朗普正是代表后者试图打破既有格局的"叛乱者"。特朗普入主白宫后，也的确充分展示了其"斗士"的风格，减税、加强基建等一系列政策旨在进一步强化美国本已非常强大的竞争力。最终，其对中国的最大影响可能不是贸易战，而是督促我们应该加快改革开放的步伐，提高我们的竞争力。

欧洲恐怖袭击频现，文明的冲突期待和解。近期英国和瑞典再次发生恐怖袭击。在恐袭消息传遍全球的同时，一张照片在网上不胫而走。照片中，在人们忙于救助伦敦恐袭中受伤的民众时，一名头披穆斯林围巾的妇女走过他们身旁，漠然地看着自己的手机。这张照片告诉我们一个无争的事实，欧洲各地正在发生的恐怖主义袭击背后有着深刻的文化、社会和宗教因素。只有宽容与和解，才能引领人类最终走出困境；只有继续推动自由贸易和经济合作，使得各个国家、各个民族、不同文明之间你中有我、我中有你，才能为人类文明冲突的和解提供坚实的物质基础。

金融鹏程

日韩未竟现代化进程，半岛局势牵动全球视线。东亚的日本在"失去了二十年"后，安倍经济学试图用短期刺激解决长期结构性问题，最终奇迹没有发生，日本经济仍然徘徊在低增长的迷雾中，以先锋、夏普、东芝、索尼等为代表的一大批日本企业濒临破产的边缘。日本经济的出路对内在于进行较为彻底的市场化改革，对外在于应加强与中国经济的深度融合以寻求"突围"。

2016年，韩国前总统朴槿惠被弹劾下台。朴槿惠的悲剧一方面是个人的悲剧，某种意义上意味着现代政治和现代政客误入歧途，忘记带领人民发展经济的初心，而沦为做秀和表演艺术，最后不得不付出沉重的个人代价；另一方面也折射出韩国未竟的现代化进程，其高度垄断的政治体系和封建色彩的经济金融体系与腐败相伴相生，在过去的20年中逐步走向开放和市场化，但显然远未成功。而近日朝鲜半岛的"另一半"吸引了全球的目光，一触即发的态势为世界笼上了巨大的不确定的阴影。

"习特会"取得丰硕成果，中美关系开启新篇章。"习特会"在友好的气氛中结束，开启了中美关系的新篇章，也为中美经贸进一步深度合作打开了巨大的空间。作为世界最大的两个经济体，中美经济存在一定的竞争性，但更多是巨大的互补性。中国广袤的消费者市场和相对低廉的制造成本、美国科技水平的领先和改进基础设施的巨大需求等，都为双方的合作提供了良好的机遇，也为两国的经济增长和世界的和平稳定注入了巨大的动能。

## 社会需求增长和升级不可阻挡，供给侧改革迫在眉睫

什么决定了大国的崛起和衰落？2008年国际金融危机前，IMF

"一带一路"下的中国资本市场发展与海外投资战略

两位经济学家研究了1960—2007年近50年的历史中,17个OECD发达国家的经济发展情况,期间这些国家共发生大大小小80次经济金融危机。统计表明,危机后复苏速度最快的总是金融体系以资本市场主导的四个国家,即美国、英国、加拿大、澳大利亚,而复苏最慢的无一例外都是银行主导的四个国家:奥地利、葡萄牙、西班牙和比利时。2008年的全球金融危机,发源于华尔街,美国经济受到了最直接的冲击,但危机后美国经济在发达经济体中复苏速度最快,历史又重复了一次。这充分说明一国金融体系中资本市场的发达程度和经济体制的市场化程度对于经济的可持续发展能力和经济的弹性有决定性的影响,在某种程度上也决定了大国的崛起和衰落。

加快供给侧结构性改革。2017年的中央经济工作会议强调了防范金融风险和加快供给侧结构性改革。

改革开放30多年后的今天,中国社会正在发生深刻的变化。大量的财富积累带来了消费或需求端的结构性升级。今天中国经济社会一个突出的矛盾是,一方面是需求端迅速升级,另一方面是供给端的水平相对落后,尤其是高质量的产品和服务的供给远远跟不上。因此,供给侧结构性改革迫在眉睫。供给侧改革有两条实现的路径,一是自我创新,这需要进一步完善经济金融体制;二是海外并购,这需要有效实行"拿来主义"。

加快多层次资本市场建设。体制机制的完善中,关键的一个环节是资本市场的改革发展。无论是科技与资本的结合带来了腾讯、小米、阿里巴巴等企业在不到20年的时间里成长为世界级企业,还是市场化的并购重组成为经济存量优化和传统产业整合的重要推手,都证明了资本市场在中国经济转型和产业升级中不可或缺的重要作用。而中央经济工作会议提出的化解中国经济金融风险和防范资产泡沫,短期可以进行防控和疏导,而中长期只能依靠改革金融体系,

金融鹏程

提高直接融资比重,强化金融资源配置效率来真正实现。因此,应该加快多层次资本市场的建设、坚定不移推进发行体制改革,并循序渐进推进资本市场的对外开放,为中国经济的自我创新提供广阔的平台,注入强大的动力。

## 海外投资与"一带一路"

习近平主席提出的"一带一路"倡议,开启和引领了全球化的新征程。"一带一路"的核心是经济合作和互联互通。我认为它在经济方面还有一个核心内容是交换比较优势,打破贸易壁垒,创造一个更大的规模效应。因此我认为,"一带一路"倡议开启的新型经济全球化与发达国家主导的传统经济全球化有三大不同。第一,它依托于中国13亿多消费者的巨大市场。中国是当今世界最大的单

## "一带一路"下的中国资本市场发展与海外投资战略

一市场消费者群体。这一巨大市场不仅是中国经济发展的重要动力，而且是世界经济增长的重要动力，将为"一带一路"建设提供有力的市场需求支撑。第二，它是一个开放包容和可持续发展的过程。传统经济全球化存在严重的发展不平衡、不协调、不可持续问题，导致区域经济一体化与世界经济碎片化并存、全球财富快速积累与贫富差距越来越大并存等一系列突出矛盾和问题。"一带一路"建设坚持共商、共建、共享原则，努力与相关国家发展规划对接，脚踏实地，开放包容，是一种可持续的经济全球化。第三，它致力于实现各参与国平等合作、互利共赢。"一带一路"建设立足于发挥中国和各参与国各自的比较优势，努力实现平等合作、互利共赢，将有力推动更有活力、更加包容、更可持续的新型经济全球化进程。

海外并购与中国经济转型。中国的海外并购正在发生深刻的变化。在1990年到2014年之间，中国的海外并购主要投资了哪些行业呢？第一是能源，第二是资源。为什么？因为我们是加工出口型经济。2015年以来，中国海外并购的热点领域从资源能源转向高科技、制造业和消费类产业，折射出中国经济从对外出口占重要地位向内需为主的深刻转变。我们要适应形势发展变化，将"一带一路"建设和供给侧结构性改革有机结合起来，在"一带一路"建设中优化对外投资。"一带一路"建设参与国中既有发展中国家，又有发达国家，应针对它们的不同特点采取相应的投资策略，但其核心都是充分发挥中国与这些国家各自的比较优势，取长补短，互利合作，实现共赢。

中国资本"走出去"的目的是为了"请回来"。在海外并购中我觉得最重要的因素是战略。战略是什么？就是跟中国结合。我们很多人为了走出去而走出去，结果失败了。走出去是为了请回来，是为了结合。中国的海外并购是有使命的，使命就是帮助中国。只金融鹏程

有帮助中国才能赚钱,这是一句大实话。海外投资的核心战略是投资于先进的技术、产品、服务、商业模式,对接中国市场,既帮助中国经济产业升级,同时又能惠及世界。如果海外并购缺乏清晰的战略,不能与中国13亿人的消费者市场形成协同效应,那成功的机会就会减少很多。

中国企业海外直投的战略方向和领域。中国企业海外投资的方向,可以参考三条主线:第一条主线,日韩两国,其部分产业水平大致领先我们5~7年;第二条主线,以色列、德国和其他欧洲等国,其部分产业大致领先我们7~10年;第三条主线,美国以硅谷为代表,其部分产业大致领先我们10~15年。中国海外投资的未来十年可以去这些地方分梯次地源源不断地投资于先进的产能、技术、产品、服务,并带回来跟中国结合,拉动中国的经济现代化,同时能够惠及世界。我们相信中国的崛起是能够惠及世界的,而且是可持续的。为什么?因为我们有这个能力,我们有这么大的空间,我们有这么多消费者。

在投资方面,可以关注四大领域:一是先进制造业,二是TMT(科技、媒体和通信),三是生物医疗,四是消费行业。这是中国目前最活跃的四大领域。中国企业可以重点关注这些领域,推动中国与发达经济体的产业合作,加快中国产业升级步伐。除了上述投资的三条主线外,再加一条就是向相对落后的一些经济体输出我们的先进产能。依托高铁、核电等领域的优势,鼓励中国企业"走出去",在世界寻找投资机会,促进产能合作和优势互补,扎实推进"一带一路"建设。

海外投资和跨境并购战略:协同合作,寻求共赢。海外并购的战略应由国家队与民间PE、金融界与产业界、中小企业创新基金、国有企业结构调整基金、证券公司、上市公司、地方产业基金、科

"一带一路"下的中国资本市场发展与海外投资战略

技园区以及旗下的金融机构以及国际金融界和产业界同人等共同组成"雁阵"，各司其职，发挥比较优势，协同合作。商业目的投资和产业升级战略目标有效结合，中投资本结合相关其他资金形成巨大合力，撬动中国经济转型。如果能够按照这样去做，我们可以完全有可能加速中国经济现代化5年到10年。

与美国制造业合作。中美之间有太多的合作空间。我们可以去跟美国人共同投资美国中西部的一些产业，然后把它带回来跟中国产业结合，既帮助中国产业升级，也能够帮助美国经济复苏。美国中西部的产业中，有大量非常先进的产业，从汽车、农业机械、家电产品，到生物制药。即便其中一些较为传统的制造业，尽管其在美国市场不再辉煌，甚至已是夕阳产业，但在中国市场可能仍然有巨大的发展空间。例如，约翰迪尔公司（John Deere）生产高品质的拖拉机，今天的美国农场都已经使用联合收割机，而中国广大的农村对拖拉机尤其是高端拖拉机的需求仍然非常旺盛，约翰迪尔30年前来到中国，迄今在中国市场取得了不菲的成功，在中国农村被视为"拖拉机里的宝马"。中国企业可以重点关注这些领域，推动中国与发达经济体的产业合作，加快中国产业升级步伐。

与日本产业战略合作。中国海外投资，与日本产业战略合作的前景是无限的。中投的一份研究报告中分析了日本的六大产业——机器人、汽车、服装、精密仪器制造、医疗健康、化妆品和消费行业。十多年前，我的一位清华的校友和几家中国的PE公司联手买下了日本一个行将破产的高尔夫球杆制造商——本间高尔夫（HONMA），全球唯一的一家亚洲品牌的高尔夫球杆制造商，并进行了投后整合。2016年，他们成功地将本间高尔夫带到中国香港市场上市，当初1亿美元的投资上市后估值为10亿美元，获得了10倍的回报。

中投论坛提供合作平台。2017年6月6日，中投与中国上市金融鹏程

公司协会联合主办的"中投论坛2017——'一带一路'与跨境投资CEO峰会"在北京举行。来自全球二十多个国家的政策制定者、企业高管、机构投资者与地方产业园区负责人参会，围绕"一带一路"与跨境投资主题发表见解。中投论坛提供了一个平台，让全球技术对接中国市场。这次中投论坛来了将近200个国外公司的CEO，也同时有几百个上市公司的CEO在一起进行了撮合，最终一对一撮合了80起合作。中投论坛将持续地办下去，促进中国和世界的融合。

海外投资加速中国经济社会现代化。中国有很多地方不如美国，例如体制机制、资本市场等，但是有两项优势美国是比不了的，一个是中国13亿消费者，第二个就是中国制造业成本低。有这两项优势我们可以通过谈判引进很多技术。这就是大家为什么对中国很有信心的原因。我是很有信心的，当然前提是把改革坚持下去。中国人民这种精神就是勤劳致富不怕竞争，这是中国经济的动力。因此，要提供一个平台让市场能够有效地竞争，我们要完善社会主义畅行的秩序，加快资本市场发展，让它更加有效地竞争。

从美国的产业演变图能看出，一百年中美国的产业经过了如此的演变，一百年前最重要的产业是农业，五十年前最重要的产业是工业，今天美国最重要的产业是服务业。中国社会正在以最快的速度向美国的产业形态逼近。在改革开放三十年的今天，2015年中国的第三产业正式超过了50%，达到50.1%。2016年，达到了51.6%，今年的第一季度达到了56%。研究目前中国的经济应该盯两个数据，一个是人均GDP，另一个就是第三产业的比重。我认为不管是推动金融改革也好，发展资本市场也好，推动优化海外投资也好，我们的目标是非常清晰的，我们是为了加速中国经济的现代化。

录音整理　丘琼、邹玲

普惠金融的新技术支点

**程立**，现任蚂蚁金服集团首席技术官。2005年加入支付宝，是支付宝技术平台的奠基人之一。在支付宝与蚂蚁金服工作期间，历任程序员、架构师、首席架构师、首席技术官，主持了支付宝各代技术架构的规划与基础技术平台的建设，设计并实施了支付宝一系列关键业务系统。目前，程立先生专注于新一代金融技术架构与平台研发，以及该领域优秀技术人才的培养，与蚂蚁金服技术团队一起致力于金融技术创新，推进全球普惠金融发展。

## 普惠金融的新技术支点

**【编者按】**

2017年7月14日上午,"金融鹏程大讲堂"第17期顺利举办。阿里合伙人、蚂蚁金服首席技术官程立先生以承载蚂蚁金服指数级增长业务量的顶尖技术平台为范本,从大规模分布式金融交易技术、金融级分布式数据库、大数据计算、机器智能AI、技术开放五个方面进行讲解,偏重基于实际业务场景下为满足需求的技术实战经验介绍,最后提出现阶段技术挑战以及发展趋势,希望和大家一起致力于金融技术创新,推进全球普惠金融发展。讲座内容干货满满,专业有深度。

**【核心摘要】**

简单的二维码支付,背后所涉及的处理过程其实并不简单,互联网的超大规模量级,会遇到很多挑战,具体表现在超大规模金融交易处理、金融决策处理、金融统计分析、机器智能等方面挑战。

大规模分布式金融交易技术要解决分布服务与数据、分布事务与协调、强一致秒级容灾、弹性资源供给与调度等诸多问题。

金融级分布式数据库,以蚂蚁金服 OceanBase 为例,是基于分布式架构和普通 PC 服务器,可实现金融级可靠性及数据一致性,具备持续可用、线性扩展、低成本、高性能等核心技术优势。

大数据计算在金融服务中占的比重越来越大,决策的准确性、时效性、自学习是金融级大数据计算面临的主要挑战。

普惠金融的新技术支点

金融服务在互联网的规模下可能会碰到哪些技术挑战？举个简单的例子，也是大家日常生活中经常会遇到的场景：你在超市或小餐馆进行消费，使用现在流行的二维码进行在线支付，商家使用扫码枪扫描你出示的付款二维码，支付立即完成。然而这背后所涉及的处理过程其实并不简单，从支付平台接收交易指令，到扣款完成、扣款结果的展示，中间经过一系列交易、支付决策、风险控制、会员运营等决策过程，再加上互联网的超大规模量级，就会遇到很多挑战。这些挑战具体表现在以下四个方面：第一，超大规模金融交易处理。大规模金融交易面临交易数据的实时交换、支撑交易峰值的可伸缩性、交易处理的高安全性、快速容灾、成本优化等一系列挑战。第二，超大规模金融决策处理。决策处理需面临决策的时效性、决策的精准性、策略的自学习、弹性资源供给调度的挑战。第三，超大规模金融统计分析。面临计算的时效性、数据的分析与洞见、数据可视化的挑战。第四，金融级机器智能。面临基于深度复杂模型的精准决策、实时智能策略、快速学习及强对抗，安全可靠及保护隐私的挑战。在解决四大类挑战的过程中，蚂蚁金服建立了四项关键技术：新一代数据库与存储、大规模分布式交易、海量实时大数据计算、金融智能，四大技术共同构成蚂蚁金服金融技术平台的基石。

## 大规模分布式金融交易技术

分布式系统并不新鲜，其实从一开始，很多互联网系统就是分布式的，但是真正能够在金融服务系统里应用分布式架构，还是不同于一般的互联网信息服务系统，它需克服以下四大挑战：

### 分布服务与数据

分布的数据与服务，与高一致的事务之间存在矛盾，这个我相信在座的技术专家会有同感，这是其实是一个很难逾越的一个技术门槛，只有在解决这个矛盾之后，分布式金融系统架构才能真正地落地。

其实最早的时候我们做的就是一个分布式的服务系统，当时我们把一个非常简单的单体式应用系统，从中拆分出一个提供记账服务的核心账务系统，并且在账务系统之上构建了各种业务交易服务系统。当我们把一个应用拆成很多的服务，再将这些服务组装成一起的时候，就需要一个构建与组装分布式服务的基础设施。分布式服务基础设施分为两大部分，第一部分是一系列的中间件，负责解决分布式服务运行、通信、故障后自动容灾处理等问题。第二部分是一套编码框架与工具，解决上层开发者如何方便编写分布式系统程序的问题。

系统如何伸缩到更大规模？目前业内形成一个比较公认的实践，可从三个维度对系统进行伸缩。第一个维度是对数据进行复制，结合读写分离，将数据读分布到多个数据副本上分摊压力。这是最容易实现的伸缩方式，但这样的方式无法解决写操作的伸缩问题。第二个维度是垂直拆分，按照业务的维度（如交易、会员、账务、支付等）拆分数据库与业务系统，从而实现由多个系统来分担压力。第三个维度的伸缩，是按照用户或请求来拆分数据，即水平拆分。通过三个维度的拆分后，业务系统与数据库的瓶颈得到消除。当数据分布完成后，下一个系统的瓶颈点会是数据中心，因为单数据中心的容量是有限的，需要将业务系统与数据库分布到位于多个城市的数据中心。对于多数据中心部署，一个通常的约束是不允许位于一个城市的业务系统访问位于另外一个城市的数据库，因为跨城的数据访问、尤其是事务处理带来的时延，会造成用户的交易等待时间过长，极大地影响用户体验与系统容量。为了解决这个问题，我们提出一个新的概念，叫单元化架构。单元化架构综合运用了三个维度的拆分，实现了对于一组用户，将与他们相关的所有应用服务、数据库、中间件、缓存等，全部封闭在一个单元中。这样对于用户的一次业务请求，就不再需要跨单元的数据与服务访问。每一个数据中心中，可以放置若干个单元，数据中心可以跨地域任意部署。这种单元化的多数据中心的架构使我们具备异地多数据中心的灵活部署能力。

**分布式事务与协调**

在我们把服务分拆，把数据分拆的时候，必然会遇到分布事务的问题。如果事务本身很简单的话，可以借助数据库与中间件提供的标准分布式事务技术来做，如 XA 和两阶段提交协议。但当系统对性能与可用性有极高要求，或者事务很复杂时，标准分布式事务方案会带来很大的挑战和困难，系统的伸缩性会变差，出现故障后的恢复会难度很大。

所以当时我们就提出来，基于标准 XA 和两阶段提交协议的分布式事务方案，是很难应用于大规模复杂分布式系统的，更可行的做法是在分布式服务架构之上，构建一套分布式事务架构。当时我们提出"分布式交易"的概念，所谓分布式交易，是指一个支持事务的分布式服务，具体地，对于一个服务，如果你要支持事务的话，就必须支持一个称为 TCC 的协议，TCC 代表 Try、Confirm、Cancel 这三个操作。基于 TCC 协议的分布式交易满足事务的 ACID 要求（原子性、一致性、隔离性和持久性）。一个分布式事务的处理过程可

以简单描述如下，首先执行每一个子交易服务的 Try 操作，Try 操作负责业务前置条件检查与资源预留，如果所有的子交易都 Try 成功，由分布式事务框架来调用所有子交易服务的 Confirm 操作完成整个事务，否则分布式事务框架会调用所有子交易服务的 Cancel 操作完成事务取消。这套框架 2008 年 1 月上线以来，一直使用至今，经历过历次双十一大促、以及各种复杂业务类型的考验，证明了这种方式的可靠性、可扩展性和适应复杂金融业务的能力。

### 强一致秒级容灾

前面的假设都是正常情况下系统是可以伸缩的，但是遇到故障的时候怎么办？必须要有一套非常好的容灾处理方式。

支付宝系统目前是一个异地多活的架构，这个架构实际上是我们比较早时候提出来的。其实异地多活的架构就是刚才我介绍的单元化结构。比如说在第一个城市我们有两个数据中心，第二个城市有三个数据中心，每一个数据中心包含若干个单元，每个单元包含一组用户的所有服务与数据。用户的请求，会根据单元的分配策略，调度到合适的数据中心，再调度到合适的单元中进行处理。每一个单元在异地的数据中心有备份单元，数据复制到备份单元进行保护。当发生单元级、数据中心级甚至城市级故障后，可以通过将流量调度到异地的备份单元进行业务处理，从而实现快速容灾。单元化的架构，既简化了系统的可伸缩性，也简化了容灾的处理。

### 弹性供给与调度

我们用实践证明，一个异地多活的单元化架构完全是一个可行的分布式金融架构，但需要有合适的技术平台与架构支撑，才能让分布式金融系统开发和运维更简单、运行更可靠。对于提供互联网服务的金融服务系统，还需要进一步突破一个技术难点，就是怎么做资源的弹性供给和调度。无论是支付宝，或是其他大规模互联网支付与金融系统都会面临业务量在平时与节日期间的巨大差异，比如每年双十一购物节，支付宝系统在高峰期要支持比日常高数十倍的支付峰值。为了降低成本，就需要对系统资源做灵活的弹性调度，既能保证在高峰期间有充足的系统资源供给，也能在平时释放多余的系统资源以节约成本。

支付宝系统采用混合云架构，即日常的流量运行在蚂蚁金服的专有云上，双十一等节日高峰时将增加的流量"弹"到基于阿里云上，双十一过后再将流量"弹"回，将系统资源释放回阿里云，从而极大地降低成本。这个过程的核心点是蚂蚁金服专有云与阿里云在基础设施架构上的一致性，从而可以高效地在阿里云上构建弹性单元部署系统，并将业务流量在混合云平台上灵活调拨，以保证高效的弹性资源供应与调度。

## 金融级分布式数据库（OB）

### 关于 OceanBase

OceanBase 是由阿里巴巴和蚂蚁金服自主研发的通用关系型数据库，基于分布式架构和普通 PC 服务器可实现金融级可靠性及数据一致性，具备持续可用、线性扩展、低成本、高性能等核心技术优势。OceanBase 在阿里巴巴及蚂蚁金服的交易、支付、账务、收藏夹、网商银行等数十个关键业务领域已稳定运行多年，多次历经双十一大促的实战考验。OceanBase 的使命是要打造新一代的分布式金融级数据库，目前 OceanBase 已走出蚂蚁金服，对外向客户和众多合作伙伴提供服务。

**OceanBase 性能优势**

OceanBase1.x 是第一款真正具备大规模应用及推广能力的产品，在系统架构、性能、兼容性等方面有重大进步，已应用于蚂蚁金服的核心账务、会员、花呗、计费、余额宝等核心业务。它具有全分布式结构，所有节点在架构上都是对等的，每一个功能性节点均可进行读写，支持 hash 分区、range 分区、二级分区，支持分区间并行。

OceanBase 多地多中心部署模式，可保持数据强一致，故障时进行高速切换自动容灾处理。传统数据库出现故障后，做主备切换需要几分钟甚至几十分钟，且考虑到风险一般不做自动切换。OceanBase 的全新突破在于，通过基于 Paxos 协议的分布式强一致的数据同步，改变原来主备式容灾为真正的全分布式全自动容灾。蚂蚁金服的主要业务在上海、杭州、深圳三地五中心部署，当一个节点甚至一个城市出现故障，依然可以做到五节点中三节点多数派的存活，保证业务持续可用。

对于产品级数据库，更大的挑战是如何兼容开发者生态。大量的程序员使用 MySQL、Oracle 等数据库，目前 OceanBase 能做到 MySQL 全兼容，原先利用 MySQL 编写的代码可以直接零成本迁移至 OceanBase 平台，同时在迁移过程中我们也发现 MySQL 的一些问题，给予 MySQL 社区有价值的反馈。我们将 OceanBase 定位为新一代云上的数据库，通过在数据库内核做资源隔离，OceanBase 支持多租户模式，可极大提高资源有效利用率，降低数据库的系统成本与管理成本。OceanBase 团队在数据库产品化方面还做了很多工作，比如查询优化，全文索引、物化视图等。

# 金融级大数据计算

## 金融级实时决策的挑战

大数据计算在金融服务系统中占的比重越来越大了。对于一次金融服务处理,可能只不到一半的资源花在交易处理上,大多数的资源会花在大数据计算上。要做金融级的实时决策,会面临以下主要的挑战。第一个挑战是决策的准确性。举个例子,你在离线计算的环境开发了一个决策策略并且测试通过,但是一旦部署到在线环境后,你可能会发现,这个策略的运行结果和你在离线环境测试的结果完全不一样。为什么?因为你在线运行时用的数据和离线测试时用的数据会有很大的差异。所以一个接近真实的仿真实验环境,对于决策系统非常重要。第二个挑战是决策的时效性。决策的时效性包含两方面的要求:一个是响应时间,就是当收到一个请求后,能否快速给出决策结果;另一个是数据的时效性,因为决策必须是基于数据的,如果数据提供给决策系统需要花费很长时间,那决策也没办法做到很高效,只有把数据通道做得非常畅通,才可能实现高时效的决策。第三个挑战是策略的自学习。早期的决策模型与策略研发是以人工经验为基础的数据挖掘,主要是由数据工程师或数据科学家来从数据中去抽取特征,做决策模型和规则,对人的要求非常高,本质上是把人的知识技能通过机器表达出来。现在一个非常有前景的方向是让机器自己来学习与洞察,尽量减少人工的干预,把原始数据给到机器,让机器自己端到端地学习与决策,在高度复杂的场景下,机器会做得比人更好。第四个挑战就是刚才讲的弹性

的资源供给与调度。

金融级实时决策需要一个强大的特征服务平台来支撑。将原始数据输入到特征服务平台中,它能够自动地帮你做高效、一致的特征计算与服务,为上层模型/策略的训练与运行提供统一的数据源。通过特征服务平台,从特征变量的定义到计算处理可以快速完成,在线和离线数据特征的计算能够保证一致性,这对提升实时决策能力是一个非常强的支持。

**基于关系特征的决策能力**

在金融场景,很多决策是基于关系网络的。以打击套现为例,因为我们现在很多场景都支持信用卡支付,支付风控系统必须具备对套现的精准识别与拦截能力。基于人、资金、设备等的实时关系网络数据,通过各种网络特征学习与检测算法,可以极大地提高套现识别与控制的精准性和时效性。

蚂蚁金服构建了一个关系计算的平台,这个平台的底层是一个在线的图数据库,在这个图数据库中存储了各种各样的关系,它也集成了一些基本的图计算的能力。在图数据库之上,有一个图算法服务平台,可以基于图数据库中的数据提供各种关系计算服务。在此之上,风控、营销等系统就可以通过关系计算去做相应的风控、营销决策。

**金融级实时智能决策平台**

刚才讲到的特征服务平台、关系服务平台,还有下层的数据存储等合在一起,构成了我们称为金融级实时智能决策的一个基础技术架构。大家可以看到这个技术架构包含以下几个部分。第一部分是存储平台,包含了数据库、关系数据库、图数据库、文件存储等;

第二部分是计算平台，计算平台包含了批量计算、流式计算、图计算，多维分析等计算引擎；第三部分特征服务平台，它构建在计算平台之上，负责将原始数据转换成各种各样的聚合特征、关系特征、位置特征等；第四部分是模型平台，主要解决模型的高效训练、在线服务和全生命周期管理等问题，第五部分是机器学习平台，这部分我们接下来介绍。

## 金融级机器智能（AI）

### 蚂蚁 AI 技术架构

前面讲了计算平台，有了强大的计算能力之后，接下来就可以真正去解决怎么让整个金融服务系统变得更加智能的问题。在我们看来，人工智能不是一个类似人脑的神秘能力，而是一种可以实实在在增强我们业务能力的机器智能，所以我们把 AI 前面的 A 认为是 Augmented，不是 Artificial，是一种基于数据计算、可以增强能力的机器智能。我们也绝对不能小看 AI 的威力，它可以为金融服务带来质的能力提升，AI 的应用潜力还远远没有充分发挥出来。

蚂蚁金服正在大力构建人工智能平台，并将人工智能应用到金融服务的方方面面。目前蚂蚁金服人工智能部已经有几百位同事，在美国硅谷也有人工智能专门团队，那么他们做什么事情呢？第一类工作是做底层基础算法研究，如深度学习、加强学习、优化算法、安全隐私保护算法等的研究；第二类工作是打造公共的基础 AI 能力，比如说大规模异构机器学习平台、语音、视觉、自然语言处理服务等等，提供一个可以拿来即用的人工智能服务平台，供上层风控、信用、客户服务、营销等业务平台使用；第三类工作是做一些垂直的以 AI 为核心能力的产品，比如智能推荐平台、智能营销平台、智能客服平台、个人智能助理等。

### AI 技术案例

第一个案例是图像定损产品"定损宝"。目前来说，由于深度学习等技术的突破，通过机器来做图像识别与检测的能力已经很不错了，但要应用到金融服务场景，对图像识别与决策的准确率、健壮性和智能程度要求更高，在这方面的取得的技术突破可以在金融服务场景带来很多高价值的应用。比如说车辆保险定损，左边这张图是一辆车，大家可能很难通过肉眼发现这辆车到底哪里有损伤，而蚂蚁金服打造的图像定损机器人可以看出来，它不但能够看出这是一个轻度变形的损伤，而且可以计算出来实际维修的价格是 500 元。机器可以通过视觉判断有的部件只是掉了块漆，有的部件则出现变形需要钣金，再根据后面的知识库和推理引擎来决策维修费用。

第二个案例是支付宝智能助理。人工智能在金融服务场景中还有一个很有价值的应用，就是怎么能够给用户提供一个很贴心的智能助理。未来可能你看到的任何一个设备都是智能设备，怎么能够打造一个助理服务，能够很懂用户，能和用户进行非常自然的对话，并可以帮用户解决各种问题，比如说，要转个账或者要去医院挂个号，都不需要去找手机、打开 APP、做一系列复杂输入，而只要对身边的设备说一句话就可以了。

第三个案例是模型服务平台。我们刚才也提到我们希望这个金融智能能力不仅可以用于蚂蚁金服自身的业务，而且希望把它开放给合作伙伴来使用，原则是上成熟一项技术、开放一项技术。我们最近将要开放是模型服务平台，这个平台在蚂蚁内部已经得到广泛的应用，我们的风控、芝麻信用、小微信贷用的都是这个平台。对于模型研发人员来说，这个平台覆盖了模型全生命周期的支撑能力，从建模、模型性能评估、模型部署与运行、模型风控管理都是打通的、完全可视化的，不需要在里面写各种公式和代码，极大提升了模型研发与管理的效率。

## 蚂蚁技术的开放——蚂蚁金融云

最后我想介绍一下，蚂蚁金服是如何将技术开放给合作伙伴的。我们通过蚂蚁金融云平台开放蚂蚁金服的各项技术。蚂蚁金融云平台发布于2015年，刚推出时的1.0版本主要提供金融级分布式交易处理技术，就是我前面介绍的第一部分技术；后续发布的2.0版本，核心是将蚂蚁金融云与阿里云在底层IAAS、PAAS层打通，形成混合云服务能力，与阿里云一起为客户提供了更丰富、完整的技术服务产品线；接下来将要发布的3.0版，会把金融级大数据处理与实时智能决策能力开放，合作伙伴可以基于这部分能力来提升金融服务的智能水平。这是我们金融技术开放的三部曲，我们希望蚂蚁的技术开放平台能够助力金融行业更好地进行服务创新。

我们认为，金融技术要为金融服务提供以下核心能力：第一是增强和用户交互的能力，第二是提升金融决策的能力，第三是提供安全与保护隐私的数据共享能力，第四是提供金融级身份识别认证的能力，第五是金融级的数据洞察能力，包括对客户的洞察、市场的洞察等等，第六个是金融级的预测能力，第七个是大规模交易处理能力，第八个是让金融机构之间能够安全高效协同的能力，最后也是最重要的能力，是保障金融系统安全的能力。

金融鹏程

  同时，我们认为技术能力只是合作伙伴需要的一部分能力，我们也希望能够将蚂蚁金服的核心业务能力和我们的伙伴共享，这些业务能力包含支付宝、蚂蚁财富平台等连接与触达用户的能力、风控能力、信用能力等等。

  最后，我们也和阿里云一起在建一个开放的金融云服务市场。我们希望一起打造一个真正开放共享的金融服务市场平台，在这个平台上，蚂蚁金服可以把我们的金融科技服务能力放上去，其他金融机构也可以把它们的金融科技服务能力放上去，金融科技厂商也可以把它们的服务放上去。当某个金融机构需要用到某一类服务能力的时候，比如说需要用到风控能力的时候，在这个市场平台上可以选到合适的服务，并且把它们组合起来用到自己的业务。这个开放市场如果建立起来，会极大地推动金融科技服务共享与金融科技能力的进步，用科技让金融更美好，这是我们接下来想和大家一起去实现的理想。

  我的分享就到这里，谢谢大家。

录音整理　郭健伟

市场机制、微观主体信用与国家治理

**徐忠**，经济学博士，研究员，清华大学、对外经贸大学博士生导师。现任中国人民银行研究局局长、中国金融学会秘书长、《金融研究》主编，孙冶方金融创新论文奖获得者（2015年），中国金融论坛（CFF）创始成员、中国金融四十人论坛（CF40）成员。曾在中国人民银行金融研究所、研究局、金融稳定局和金融市场司工作，先后担任《金融研究》编辑部主任，金融市场司副司长、巡视员，上海票据交易所筹备组负责人。长期从事政策制定、金融改革和金融研究工作。在《经济研究》《经济学季刊》《金融研究》《世界经济》以及 *World Development* 等国内外权威学术刊物发表论文100多篇，出版专著多部。

# 市场机制、微观主体信用与国家治理

## 【编者按】

2017年7月28日上午,"金融鹏程大讲堂"第18期顺利举办。中国人民银行研究局徐忠局长从微观视角出发,从金融机构、监管机构和政府等微观主体和市场机制运行等多种维度,深入剖析了当前经济中金融乱象的产生原因,并为之提出解决之道。

## 【核心摘要】

第五次全国金融工作会议提出来金融存在乱象,诸如金融机构单纯追求规模粗放经营、国内准政府信用的存在、金融机构贷款易投向效率较低的国有企业、农商行与省联社的提名权之争、大批僵尸企业的存在等等。

金融乱象的产生原因,应该从中国经济转型过程来看待,金融扭曲实际上只是一个镜像,反映实体经济存在的问题,反映整个体制机制存在的问题。

中国经济要转型,必须完善国家治理。加强国家治理能力,必须从微观机制、市场机制的角度,把公司治理、政府与市场、监管者与被监管者、财政与金融、中央财政与地方财政等关系理清楚,市场经济中才不会存在市场乱象和金融扭曲,金融市场的价格才能更好地反映微观主体的信用。

很高兴今天能有机会跟大家进行交流，把自己最近对一些现象的思考跟大家做个分享。

## 金融乱象与准政府信用

最近，全国金融工作会议提出来要整治金融乱象。如何整治金融乱象，我认为应该从中国经济转型过程来看待金融乱象这个问题。金融与实体经济共生共荣，金融乱象实际上是实体经济和整个体制机制问题的镜像反映。

导致金融乱象的第一个体制机制问题就是政府与市场的边界不清的问题。按照希克斯的总结，西方商业繁荣最核心的三个因素就是法律、货币和信用。实际上，市场经济是一个个体信用为主的经济，如果个体信用不能准确反映出来，无法很好地定价，就不是真正意义上的市场经济。在我们国家的改革开放初期，我们的信用是集体信用而非个体信用，即谁的"公章"越大，谁的信用越高。但市场经济的发展必须建立在个体信用基础之上，否则便会存在很大的问题。不过也应该看到，在计划经济向市场经济转轨并且个人信用体系尚未完全建立起来的过程中，集体信用的确发挥了十分重要的作用。当然，随着近年来会计、征信、信用评级等体系的不断发展，个体信用体系也在逐渐完善。最近正在进入破产重组的东北特钢，在发行短期融资券时公布的资产负债率在80%左右，没过几个月就严重资不抵债，显然，在此过程中会计、信用评级以及承销机构中，必然有造假欺诈行为。在我国，市场约束要真正发挥作用，中介机构健康发展并避免政府干预还有很长路要走。

金融鹏程 *大讲堂*

　　国内理财产品存在刚性兑付，政府平台贷款存在各种隐性担保，实际上，金融市场上很多名义上的非政府机构的政府平台公司，其背后都隐含着政府担保。这类准政府信用的存在带来很多问题，为什么这样说呢？2014年财政部43号文《关于加强地方政府性债务管理的意见》和2015年的新《预算法》中强调，地方政府除发债外，其他融资方式都不属政府信用，融资平台等应根据企业情况进行评估。但众所周知，由于现实问题，后来政府各部门又相继放松2014年43号文和新预算法的限制，两项法规都没有得到落实，很多融资平台贷款存在政府承诺还款和政府保函的问题。政策松绑使得原来信用等级较低的平台公司债务一下提高至政府信用等级；2017年，财政部出台的《关于进一步规范地方政府举债融资行为的通知》50号文和《关于坚决制止地方以政府购买服务名义违法违规融资的通知》87号文，此类债务又从政府信用等级降至较低等级信用水平。政府政策导致金融市场债券的信用等级大起大落，政策前后不一致对市场产生非常大的影响。

市场机制、微观主体信用与国家治理

## 微观主体存在公司治理缺陷

全国金融工作会议中提出金融业要转变方式、优化机构,为什么近年来金融机构的目标都是做大做强?我在调研时问很多金融机构,为什么一定要把规模搞上去,为什么一定要拉存款?金融机构普遍回答是,规模上不去会导致几个问题。首先,去政府开会,位置排到后面去了;其次,地方政府根据机构规模情况配置推动经济发展任务;最后,监管机构同样是按规模大小来分配机构业务,规模代表金融机构在行业里的话语权。如此来看,社会的指挥棒是在按计划经济运行,导致很多金融机构经营行为扭曲。金融机构的薪酬待遇、行政级别等与规模挂钩,必然导致金融机构的经营是粗放的,金融机构一味冲规模,而不是科学地进行市场定位,不是在准确评估风险与收益的基础上稳健经营。

同样,国有企业经营效率相对低,私营企业经营效率相对高、公司治理相对好一点,为什么金融机构贷款却都倾向于贷给国有企业?明明知道社会资源的配置与效率的关系,为什么有些资源偏偏流向低效率的地方?金融机构认为,给国有企业贷款出现问题有政府兜底,但给私营企业贷款出现不良贷款,却会被查是否存在受贿或其他问题。对于这样一个问题,我是这样认识的,正是由于金融机构本身就不是一个公司治理完善的机构,所以才会出现这样的情况。如果金融机构的公司治理完善,董事会和股东就会起到监督作用,贷款损失导致股东利益受损,无须纪检部门和审计部门来检查监督。我国公司治理领域长期存在的政企不分、政资不分、所有权经营权不分等基本问题,还在困扰着我们,其公司治理实践很大程度上违

背了所有有效的公司治理原则。很多矛盾和问题只是被2003年以来的经济高速增长所掩盖。随着经济发展步入新常态,以公司治理改革滞后为代表的体制性、结构性、长期性矛盾和问题正在"水落石出"、持续暴露。正是由于公司治理框架的不完善,诱使部分金融机构的经营行为极度短期化,"水多了加面、面多了加水",盲目追求规模扩张和短期收益,高杠杆和过度风险承担行为盛行,忽视了质量、风险以及长期机制建设。

前段时间,江苏的农商行与省联社因高管的提名权而起争执,农商行说省联社行政干预,省联社说农商行是内部人控制,双方都指出了问题的根本——公司治理问题。农村信用社今后怎么改值得探讨。完善公司治理必须要有一个竞争的环境,而现在的农村信用社一个县只有一家。单家农信社完全可以宣称因为支持"三农"而导致亏损,裹挟政府从而获取支持。一个地市下辖多个县,如果允许在一个地市范围内跨区经营产生良性竞争,再通过引入赋予监管权和及时校正措施的存款保险机制,这种情况下,问题农村信用社退出市场就不是问题,省联社甚至可以与省金融办合并为省级监管部门或者变成农村信用社的服务性行业机构,这些问题都可以探讨。

## 金融市场需要有序出清

这次全国金融工作会议也提出,要把国有企业降杠杆作为重中之重的工作,要抓好处置僵尸企业的工作。僵尸企业、市场出清、不良贷款、地方政府维稳等一系列问题搅在一起,金融乱象、金融扭曲实际上是一个镜像,反映实体经济存在的问题,反映整个体制机制的问题。

僵尸企业之所以存在，很大程度上是因为有金融机构的支持。金融机构为什么要支持？因为要掩盖不良贷款。对监管部门来说，不良贷款暴露后会担心被指责监管不到位；对地方政府来说，也担心僵尸企业出问题是不是反映了当地金融秩序不佳，同时僵尸企业倒闭还会造成大量失业，需要地方政府去维稳。地方政府、监管部门、金融机构和僵尸企业实际上是一个维护僵尸企业继续生存的利益共同体。这个问题要解决，需要通过引入赋予独立监管权力的存款保险机制，监管竞争带来的鲶鱼效应会打破目前的僵局。只有这样，金融机构不良贷款和资本的真实性才会被充分反映。

我们的存款保险制度已于2015年正式施行，但还未处理一家有问题的金融机构。次贷危机中，由于有存款保险公司存在，美国倒闭了500多家中小金融机构，并没有产生较大的市场影响。但中国到目前为止，却没有一家金融机构倒闭，难道中国的金融体系健康到这种程度？显然不是。存款保险制度要不要发挥作用？《中华人民共和国银行业监督管理法》要不要发挥作用？不用去再发太多监管文件，切实依法监管，中国就不存在金融乱象的问题了，我们需要的只是去执行而已。实体经济需要市场出清，需要优胜劣汰，把僵尸企业淘汰出去，同样，金融体系也需要一个健康有序的市场出清，也需要优胜劣汰，需要把问题金融机构、僵尸金融机构淘汰出局。当然，这一过程需要有序实现，处理问题金融机构时要防止发生系统性金融风险是大前提。

## 市场机制与政府目标

最近，发改委等部门的文件中都提到，要降低企业成本、减轻金融鹏程

企业负担,要督查金融机构给企业的贷款利率是否太高。同时,监管部门也要求金融机构的不良贷款不能增加。

这种提法存在几个问题。第一,解决中小企业融资难、鼓励双创,需要考虑的一个问题是政府投资是否已经过多了,有没有挤出效应。一方面鼓励金融机构支持中小企业,另一方面政府基础设施投资也在大力推进。要么银行"放水",要么产生挤出效应,否则政府支持小微企业、支持双创,与政府大量在基础设施上投资,某种程度上两者是相互矛盾的。同时,相对而言中小企业违约率高,不良贷款比率高是正常的,需要通过相对较高的利率来抵补较高的贷款成本和风险补偿,对中小企业贷款利率不能提高,不良贷款率不能上升,显然是做不到的。

第二,对于中小企业来说,它们能获取资金比资本成本高低更重要。原因在于,现实中,很多中小企业经营规模相对小,融资属短期流动性需求,甚至只是过桥贷款,过分限制利率水平反而把中小企业挤出了正规金融市场。

第三,企业在不同生命周期需要不同的融资方式,有可能现阶段企业更多需要的是自有资金、风险投资或民间资金,而非银行贷款,企业在不同发展阶段需要的资金支持方式不同。银行贷款不能包打天下。

第四,过分限制贷款利率,最终可能会是名义上贷款给中小企业,事实上是贷给了政府平台,因为政府平台按企业人数统计也是中小企业,结果明显偏离政策的目标。另外,限制贷款利率会促使银行要求企业去找担保,担保要额外收费,综合利率水平并没有降低。如果用财政资金成立担保基金,同时要求金融机构适当降低贷款利率,这是可行的;但实际上,很多地方政府成立担保基金却不愿承受损失,又要求银行贷款利率不能提高,这种不实事求是的政策不能解决问题。

　　以上这些是基于我目前所观察到的案例，从微观视角得出的一些结论。因此，中国经济要真正转型，必须按照习近平总书记讲的，加强国家治理能力建设。加强国家治理能力建设，必须从微观机制、市场机制的角度，把公司治理、政府与市场、监管者与被监管者、财政与金融、中央财政与地方财政等关系理清楚，市场经济中才不会存在那么多乱象，金融市场的价格才能更好地反映微观主体的信用。

　　最后重申一下，我所讲的观点仅代表我个人从研究视角对一些经济金融现象的看法，不代表所工作单位中国人民银行的观点。

录音整理　师丽霞

IMF宏观经济分析框架——金融规划与政策（FPP）

**谭海鸣**，中国人民银行货币政策二司汇率政策处处长，清华大学五道口金融学院博士，中国注册会计师，特许金融分析师。2002年8月至2004年7月任职于普华永道会计师事务所，2007年9月加入央行，任职于中国人民银行货币政策司，2009年11月至今任职于中国人民银行货币政策二司。其间，曾于2011年6月至2012年6月在国际货币基金组织亚太部任职，2014年7月至2016年5月在国务院研究室任职。在《经济研究》《金融研究》等核心期刊上发表多篇学术论文。

# IMF 宏观经济分析框架——金融规划与政策（FPP）

## 【编者按】

2017年8月11日上午，"金融鹏程大讲堂"第19期顺利举办。中国人民银行货币政策二司谭海鸣处长结合本人在IMF的工作经验，深入讲解了IMF宏观经济分析框架的主要内容，为我们分析宏观经济运行提供了新的范式。

## 【核心摘要】

作为当前国际金融体系中的重要机构，IMF每年都会对世界经济进行预测和展望，逐渐形成了一套成熟的预测方法与科学的分析体系，一般称为金融规划与政策（Financial Programming and Policies，FPP）。

FPP是IMF经济学家用来分析和预测成员国经济形势的一套宏观经济分析方法。将经济分为实体、财政、金融和对外四个部门，每个部门之间基于现金流量表框架相互联系在一起。运用这一框架，IMF经济学家对各成员国经济走势进行预测，并在一致口径下形成对全球经济的预测。在此基础上，IMF经济学家可以为有需要的成员国设计具体的援助贷款实施方案（Program）。

IMF在统一口径下对全球经济预测的成果主要通过《世界经济展望》（WEO）发布，每年有两个预测周期（WEO Cycle）。每个周期都先由研究部统一给出一些通用预测值，再由各成员国经济学家预测本国的经济指标并提交研究部，研究部再运用校准（calibration）方法实施一致性检验，得到新的预测结果下发给各国经济学家。如此经过数次循环，得到全球一致的预测结果。在调整经济预测值的过程中，各国经济学家可对提出的政策建议进行修正，从而形成一整套一致的预测结果与经济政策。

为了提高工作效率，IMF设计了一系列统一的经济分析模板。

金融鹏程 **大讲堂**

其中，汇率评估模板与债务可持续性分析模板不仅有助于分析师理解宏观经济的运行，而且还能广泛应用于有价证券的估值，对微观产品的设计具有借鉴意义。

# IMF 宏观经济分析框架——金融规划与政策（FPP）

很高兴今天能有机会跟大家进行交流，与大家共同学习国际货币基金组织（IMF）的宏观经济分析框架，又称为金融规划与政策（Financial Programming and Policies, FPP）。

## IMF 拥有一整套生成宏观经济数据的方法

IMF 以统一的口径、长期跟踪全球经济走势，形成一套长期时间序列。这个过程最早可上溯到 IMF 成立之初，每年 IMF 都用统一的口径来统计、公布全球的经济数据。有了这个统一的数据，经济学者对全球宏观经济进行总量分析和横向比对，才有了非常好的基础。IMF 为了建设全球统一、长时间的数据库投入了巨大的资源。其中的中央数据库采取的是树状分布，每一组数据都是根据非常严谨的手册编制而成的。数据库各组成部分（包括中央数据库、各个部门的数据库，以及各国别的数据库）之间，以及数据处理的各个环节（包括数据的生成、采集以及应用）都已实现自动化，数据经过反复迭代优化，以保障内在逻辑的一致性。可以说，现在市场上非常热门的大数据、金融科技（FinTech）等技术，在 IMF 已经运用很多年了。只是因为这是宏观的框架，没有直接应用到投资和具体的产品设计上去，所以才没有流行。IMF 这一整套体系，对于我们理解经济的运行，设计微观的产品，都是非常有用的。

## IMF 宏观经济分析框架的目的

下面介绍一下金融规划与政策分析框架（FPP），它是 IMF 进行宏观分析、技术援助设计的基础。这个框架建立在宏观经济四部门（实体经济部门、对外部门、财政部门，以及金融部门）基础之上，基于这个框架，我们可以进行宏观经济动态预测和评估。

金融规划与政策分析框架设计与国际货币基金组织职能息息相关：

一是要形成一个长时间序列的全球统一的数据库。根据 IMF 章程第四条要求，所有成员国都有义务接受国际货币基金组织对该国经济的评估和监测。于是，每年全球主要国家都要进行第四条款磋商，并出具第四条款磋商报告（Staff report）。

二是提供技术援助。有些国家在设计自己的数据统计与发布规则方面，存在一定技术障碍。此时，IMF 就可以提供技术援助。比如，20 世纪 90 年代 IMF 和世界银行就为我们国家提供了很多技术援助，其中包括帮助我们编制了《国际收支平衡表》。

三是为陷入危机的成员国提供贷款。既要设计贷款项目（Program），还包括提供贷款时给成员国提供相关建议（Policies）。

金融规划与政策分析框架是基于现金流量表的一套分析体系，分为四个部门，每一个部门又分成若干个科目。我们可以把全球经济想象成一个企业，有资产负债表、利润表、现金流量表。广义的现金流量表，除了流量的统计还有存量的统计。如果我们看广义的现金流量表，有四个象限，有实体交易、金融交易，有存量、有流量。有了这个框架，每一个部门和部门之间还有相互关系，用会计恒等式连接。这个框架设计时是静态的，但通过输入数据进行预测，框架又可以动态运行起来，从而具有了前瞻性。

IMF宏观经济分析框架——金融规划与政策（FPP）

## IMF宏观经济分析框架核心架构简介

首先来看实体经济部门。其主要内容就是国民收入核算，基本原则同会计原则一样，资金来源要等于资金运用，是收付实现制，资产要等于负债。在编制过程中，一般涉及流量的都是按照收付实现制原则，涉及存量的则多是依据权责发生制原则。

实体经济部门核算内容主要涵盖GDP统计、物价与汇率。假设宏观经济分为两个部门：家庭部门和生产部门。生产部门向家庭部门购买劳动力并生产产品，然后又卖给家庭部门。二者之间既有实物交易又有金融交易，从而形成了两个市场：商品市场和要素市场。这些金融交易和实物交易最终演化为三种GDP统计方法：一是生产法GDP；二是支出法GDP，包括消费支出、投资支出还有净出口；

三是收入法GDP，是从要素市场的视角，包括劳动者收入、利息、企业利润，包括间接税还要减去政府补贴。

实体部门还包括物价与汇率。汇率可分为双边汇率和有效汇率，有效汇率又分名义有效汇率和实际有效汇率。其实，在宏观经济分析中关注得比较多的是实际有效汇率。IMF或者国外研究学者所说的人民币是高估还是低估，指的都是实际有效汇率。实际有效汇率衡量的是国家间的贸易竞争力，其升值受两方面因素影响：一是这个国家的物价上涨速度超过其贸易伙伴国，另一个则是这个国家双边汇率的升值。1994年人民币汇率形成机制改革以来，我国实际有效汇率升值非常快，在全球54个主要经济体中升值幅度第一。人民币实际有效汇率的快速上升一方面是受双边汇率因素影响，另一方面则是因为我们的物价涨幅比伙伴国快。例如，20世纪90年代初期我国曾出现非常高的通胀，2000年后虽然降了一些，但是总的来说，我国物价水平还是比主要贸易伙伴国涨得快。

然后是对外部门和财政部门，其核心分别是国际收支平衡表与财政收支，比较简单明了，在这里不展开叙述。

最后是金融部门，主要是金融概览。金融概览又分为银行部门的货币概览以及其他金融机构的资产负债表。我们分析金融，通常有两个视角，货币视角和信贷视角。货币视角，是以银行的视角来看，银行欠实体部门的多少资金，最后形成一个货币供应；信贷视角，则是银行放了多少贷款，对经济进行支撑。我国还有一个独特的方法，即把信贷视角扩展到广义的社会融资规模视角。

2005—2014年，我国主要的基础货币需求来自于国外净资产，我们积累了很多外汇储备。现在M2增速处于下行空间，过去是双位数增长，现在9.5%左右。这一方面是因为国外净资产增速下降，另一方面是因为国内信贷的增长也受到一些因素扰动。比如，金融机构之间同业存款，以及财政存款的缴库等。

# IMF 对全球主要经济指标预测的流程和方法

因为整个经济体系太大，一次性把所有参数估计出来很难，所以 IMF 采用校准的方法来做预测（即先估一个大概的数，通过反复迭代来进行优化），英文叫作 Projections。

通常，IMF 每年会公布三个主要报告：《世界经济展望》《全球金融稳定报告》与《全球财政监测报告》。其中，比较核心的是《世界经济展望》。IMF 网站上能够下载到完整的《世界经济展望》数据，并且都是定期更新、口径统一的数据，非常好用，但频率比较低。

《世界经济展望》每年两期，于 4 月和 10 月定期公布，而这两个月通常又是 IMF 和世界银行开年会的时候，其间把报告拿出来，让自己的执行董事和各个国家的央行行长进行讨论，促进大家达成共识。考虑到两次报告中间隔的时间比较长，所以在 1 月和 7 月又会更新一下。

《世界经济展望》有一整套经济数据生成机制：先是由其研究部的世界经济展望处（WEO Division）给出一组通用预测，分发到各个国别经济小组。国别经济小组根据通用预测，预测出自己国家的这一组经济数据，然后提交上去。交上去以后，世界经济展望处再把这个数据重新运行一遍，进行一致性检验并调整后，再将预测发下来，下面再调整。由此往返迭代三次，形成全球统一的宏观经济数据。整个过程都是自动化完成的，用的方法很简洁，很多是用 Excel 表编的简单程序。有时候，我们会发现 IMF 对某一个国家的预

测可能不是很准,这并不表明预测是错误的,而大多是因为基准情形没有出现,而是出现了其他情形。例如,之前没有预测到英国要脱欧,脱欧了又是另外一个情形。

通用预测产生的主要变量包括:一是各个货币的实际有效汇率。因为只有把这个实际有效汇率假定后,各个国家之间的竞争关系才能确定下来,然后才可以把各个国家的经常账户确定下来,最后才能把各个国家的GDP确定下来。二是定大宗商品价格。因为大宗商品价格不但和全球物价相关,也和很多国家(如沙特阿拉伯、巴西与俄罗斯等)的财政收支和GDP相关。三是把短期货币利率定下来。因为整套FPP框架是基于现金流折现得到的,因此必须有一个利率才能进行折现。通常,IMF使用各个货币的LIBOR利率来进行定价。

具体操作上,世界经济展望处在第一次迭代开始时要给定一些关键变量的初始值,这里主要是要把美国的经济增速和CPI定下来。因为在进行第一轮迭代时,别的国家要根据美国经济情况来估算本国情况。这就好比要先定好一个参考系,然后才能开展后续工作。通常,第一轮的初始值都是"拍脑袋"拍出来的。但其仍具有一定科学性,因为第一次迭代完成后,数据会返回到经济展望处,展望处计算检验后就能发现自己第一次的预测到底对不对。如果预测了一个不能通过一致性检验的值,比如把美国的GDP预测高了,导致各国都高估自身GDP,其最终结果是全球经常账户余额之和大于零,这时就需要把初始预测值往下调。

IMF 宏观经济分析框架——金融规划与政策（FPP）

## IMF 的另一项重要成果：模板

除了给出一些通用的预测之外，IMF 还有一些统一的模板。这些模板都是公开的。比如汇率评估模板，它包括一个数据模板与一套评估方法。其中，数据模板是一个 Excel 表，只要放在基金组织的内网上，点一下，这个数据会就按照统一的格式从中央数据库下载并自动回归计算。随后，经济学家要做的是根据系统输出的结果，结合自己对本国经济变量的预测进行一致性检验。假如出现不一致，就要对自己国家的宏观经济预测进行调整，并将其交到中央数据库，中央数据库会更新该国的数据库，下次下载就是根据该国新的数据回归出来的一整套全球新的数据评估。

再来说评估方法，这套汇率评估法的前身是 CGER 评估法（包含：

宏观经济均衡法、均衡实际汇率法、外部可持续法），目前已扩展为外部平衡评估法（EBA）。过去 CGER 是把所有信息都放到一个模型里，算作一类变量。现在则是将变量分成三类：一类是结构性变量，其实质是影响经济长期运行的基础性变量，这是大家最关注的，第一类是政策性变量，还有一类叫周期性变量。这么区分开来之后，有助于更好地评估汇率，但经典的 CGER 方法仍然是评估的核心。

第二个重要的模板是债务可持续性分析的模板，其实质是一个资产定价的估值模板。这个模板体系非常完整，且完全公开，该体系广泛应用于我们对有价证券的估值方面。我在基金组织工作的时候就发现，很多产油国把这套方法应用到自己财政收入的预估上，还有一些商业机构把这套方法应用到某个具体项目的可行性分析上。

这套模板分为两类：一类是针对可在国际市场上获得融资的国家（MACs）；另一类是针对低收入国家（LICs）。二者相同点都是基于现金流折现原理进行评估，不同点是 MACs 是基于公开评级确定折现利率和各类债务阈值，而 LICs 是基于世界银行的国家政策与制度评估指标（CPIA）来确定债务阈值，并统一确定折现率（目前的模板中为 5%）。

## IMF 政策修正的主要方法：一致性检验

总的来说，IMF 进行政策修正，所使用的关键方法就是一致性检验。其具体流程为：首先进行政策设计，然后根据政策设定来计算具体情形。例如，某个国家采取积极的财政政策与稳健的货币政策。既然是积极的财政政策,那财政政策肯定高一点,既然稳健的货币政策,货币增速肯定要低一点。根据这个设定,再去预测经济指标,预测完了以后做一致性检验。如果没有通过,就要修正政策,重新制定政策,反复迭代,最后得到一整套一致的预测与一致的政策,作为整个宏观经济分析框架的阶段性结束。

这就是对 IMF 宏观经济分析框架的简单介绍,供大家批评指正。这是一个开放的框架,所有的数据都是公开可以下载的,便于大家学习并理解宏观经济的运行,其中有一些模板可以便于大家运用在微观的投资分析上。谢谢大家。

录音整理　马瑞超

朝鲜半岛局势与中美关系

**何帆**，北京大学汇丰商学院经济学教授、海上丝路研究中心主任，兼任熵一资本首席经济学家。曾任中国社会科学院世界经济与政治研究所副所长、财新传媒首席经济学家、中国人民大学重阳金融研究院首席经济学家。

1971年出生于河南省荥阳县。1996年和2000年毕业于中国社会科学院研究生院，分别获得经济学硕士和博士学位。1998年至2000年在美国哈佛大学进修。曾在麻省理工学院、牛津大学、澳大利亚国立大学等著名高校做访问教授。

其他学术和社会兼职：中国人民银行汇率专家组成员、财政部国际司顾问、商务部WTO司顾问、中国世界经济学会副会长、新兴经济体研究会副会长、中央电视台财经频道特约评论员、新华社特约观察员、世界经济论坛（达沃斯）青年全球领袖、亚洲社会青年领袖、美中关系委员会青年领袖、央行行长及学者30人小组（Bellagio Group）成员、对外经济贸易大学等高校兼职教授。

主要研究领域：中国宏观经济、国际金融、国际政治经济学。已经出版10多部专著，在国内外重要经济学期刊发表论文100多篇、并在各种主流媒体发表财经评论600多篇，有较大的社会影响。

# 朝鲜半岛局势与中美关系

**【编者按】**

2017年9月11日上午,"金融鹏程大讲堂"第20期顺利举办。北京大学汇丰商学院经济学教授、海上丝路研究中心主任何帆博士全面分析了朝鲜核问题的缘起及演变过程,梳理了历次六方会谈的发展脉络以及在面对朝核问题上国际各方的态度,并在此基础上进一步剖析了中美之间的关系。

**【核心摘要】**

2017年9月3日,朝鲜再次实施核试验震惊全球,朝鲜冒险激进的做法给国际政治经济环境带来了重大影响。朝鲜半岛局势再度成为讨论的重大议题。

朝鲜其实一直在慢慢发展核武器,后来引起了美国的注意。为了协商朝核问题,中国、朝鲜、美国等六国在2003—2007年进行了六轮六方会谈。会谈曾达成一些阶段性成果,但仍以朝鲜宣布退出而告终。战争在短期不会爆发,因为各方都没做好准备;但这种情况不可持续,一两年内朝鲜半岛局势很可能会出现突变。

2017年习特会面取得了良好效果,但未来中美两国经济方面的冲突可能会更多。如果中国外交策略能打开思路,中美也许又会有新的合作。

很高兴今天能有机会跟大家进行交流，把自己对朝鲜半岛局势与中美关系的一些思考跟大家作个分享。

## 朝核问题的缘起

大家可能都觉得朝鲜半岛局势扑朔迷离。其实，要谈半岛局势应该从朝鲜战争讲起。朝鲜战争是指 1950 年 6 月爆发于朝鲜半岛的军事冲突。此次战争原是朝鲜半岛上的北、南双方的民主内战，后来美国、中国、苏联等国家不同程度地卷入。在 1953 年达成《停战协议》后，双方终于停战。1957 年，美国开始在南朝鲜部署战术性核武器，北朝鲜随即提出朝鲜半岛无核化，成为朝核问题的开端。

此后，朝鲜一直致力于发展核武器。美国飞机偶然发现朝鲜疑似进行核武器试验，因此，国际原子能机构对朝鲜进行审查。1992 年，北朝鲜驱逐了国际原子能组织，出现第一次朝核危机。为缓解紧张局势，美国前总统卡特前往朝鲜与金日成进行会面。双方在几轮会谈后达成一定共识，但这种共识在小布什上台后发生变化，小布什推翻克林顿的对朝政策，导致朝美关系恶化。为了寻找破冰点，朝鲜、美国、中国、韩国、日本和俄罗斯自 2003 年起共展开六轮六方会谈。

## 历次"朝核"六方会谈

2003 年 8 月 27 日，第一轮六方会谈在北京举行。第一轮会谈达成一项主席声明，并就下一轮会谈时间进行商议，但未签署任何

协议。之后的五轮六方会谈也未获得决定性进展。2008年8月11日，鉴于美国未在45天内完成将朝鲜从"支恐国"名单除名的承诺，朝鲜宣布"暂停去功能化作业，同时考虑按原状恢复宁边核设施"，并驱逐国际原子能机构监督人员，朝鲜半岛局势骤然紧张。2009年4月，朝鲜宣布退出六方会谈。2006年至今，朝鲜已进行六次核爆试验。

朝核问题落到如今的境地，朝、美双方都有责任。前法国文化部长、著名作家马尔罗说过，美国是一个天生缺乏领导气质的国家，因为美国总不能兑现承诺。朝美双方失去了谈判的基础——互相信任，朝鲜更为坚决地持有并发展核武器。

## 国际各方对朝核问题的态度

我们可以清晰地看到，各方态度陷入一个乱局。对朝鲜而言，希望继续发展核武器,甚至希望拥有远距离打击美国本土的能力。原因在于:其一,能增加朝鲜与美国谈判的筹码;其二,能增强朝鲜自保能力,提升金正恩的威信,从而稳固政权。对美国而言,则绝不能容忍朝鲜持有可直接威胁到美国本土的核武器,但又不能贸然对朝鲜采用军事手段,因为对朝鲜的军事制裁可能会给美国自身带来巨大的灾难。对韩国而言,最大的诉求就是朝美不开战。如果朝美两国开战,第一个被波及的国家很可能就是韩国。就中国而言,在朝核问题上有三个要求:一是朝鲜半岛无核化,二是各方不发起战争,三是和平协商。就日本而言,同样反对朝鲜持有核武器,担心被战火波及。俄罗斯可斡旋的余地最大,因为在朝核问题上,俄罗斯不像美国、韩国等国家那般受到直接的威胁。

## 朝鲜半岛局势预判

战争在短期内不会爆发,因为各方都没做好准备,但这种情况不可持续，未来一两年内朝鲜半岛很可能会出现突变。可能出现几种情况：第一种，美国被迫接受北朝鲜拥有核武器的现实，然后北朝鲜开始改弦更张发展经济；第二种，美国通过更为严厉的经济制裁、军事威胁，迫使北朝鲜回到谈判桌上；第三种，美国通过经济援助诱使北朝鲜改变政策，但很难实现；第四种，北朝鲜内部出现变化。

## 中美关系

从朝核问题可以看出，恰当处理与别国的关系对自身发展至关重要。对中国而言，处理好中美关系尤为重要。今年上半年，习特会面取得了良好的效果。很多人对未来的中美关系感到乐观，甚至认为中美之间不会再有摩擦和矛盾，但实际上，中美之间仍会不断地出现摩擦和矛盾。

过去常说中美经济是压舱石，但现在中美的经济问题矛盾却最为集中。对中国而言，希望与美国加深合作，达成双边投资协定，并通过对外开放促进国内改革。然而，美国忌惮中国庞大的经济规模，担心会被中国超越。美国认为中国在双方贸易中占了便宜，认为中国的汇率有问题，国有企业改革有问题，政府采购有问题，自主创新也有问题。中美两国在双方贸易方面存在不少分歧，所以，未来中美两国的经济冲突可能会更多。

从美国对中国产品征收的关税，就基本能看出美国已经开始针对中国进行更严厉的贸易保护。中国的机电产品具有一定的出口优势，美国就对中国机电产品征收更高的关税。中国应该怎么办？其实也很简单，只要保持不自乱阵脚，就是最优的选择。如果中国外交策略能打开思路，中美两国也许会有新的合作。

## "惟仁者能以大事小,惟智者能以小事大"

孟子有一句话可以指导中国现在的外交战略——"惟仁者能以大事小,惟智者能以小事大"。作为一个大国,应当把小国团结起来。当面对比自身更强大的国家时,应当避免正面的冲突。倘若能恰当地制定战略,寻找有利的时机,并在某些方面加强合作,就能给自身迎来更好的外部环境。要相信时间是站在我们这边的,问题在于须尽可能拉长这段对我们发展有利的时间。

录音整理　陈志鹏

人民币汇率：机制嬗变与未来走向

张明，中国社科院世界经济与政治研究所国际投资研究室主任、研究员、博士生导师，平安证券首席经济学家。长期研究国际金融与宏观经济，在跨境资本流动、人民币汇率与人民币国际化、金融系统性风险、资产证券化等领域研究颇丰。在国内外核心经济学期刊与国内外知名财经媒体上发表了大量的学术论文与财经评论。近期著作包括：《危机、挑战与变革：未来十年中国经济的风险》以及《行走的经济学人》。

# 人民币汇率：机制嬗变与未来走向

## 【编者按】

2017年9月18日上午，"金融鹏程大讲堂"第21期顺利举办。中国社科院世界经济与政治研究所国际投资研究室主任、平安证券首席经济学家张明先生回顾了过去十年人民币汇率形成机制的改革，从经济基本面角度分析了未来人民币汇率的走势。

## 【核心摘要】

距离2005年7月21日人民币汇率形成机制改革，不觉已经有十余年时间。十余年来，人民币汇率水平总体呈现稳中有升的格局，人民币汇率形成机制也经历了多次的变革。虽然经历了一些波折，但总体来看，人民币汇率形成机制的市场化程度越来越高。

8·11汇改释放了人民币贬值压力，完善了人民币汇率中间价的形成机制。8·11汇改之后，央行采取了公开市场操作、调控资本外流和调整人民币兑美元汇率中间价形成机制等三项措施遏制了人民币过快的单边贬值趋势。今年5月下旬，央行在"收盘价+篮子货币"双因子定价模型的基础上，引入了逆周期调节因子，在特定时期内形成了类似盯住一篮子货币的汇率制度。但是对于中国这样的大型开放经济体而言，不能长期采取盯住一篮子货币的汇率制度，逐步调整为自由浮动汇率制度是最终的发展方向。

基于经济基本面的人民币汇率走势分析框架包括五个因素——利差、通胀差、竞争力之差以及中国金融抑制环境的放松、金融风险的显性化。根据这一框架预测，当前人民币兑美元汇率仍然存在下行的压力。今年年底人民币汇率上限在6.5左右，下限在6.7左右。明年的汇率走向仍有很强的不确定性。

人民币汇率：机制嬗变与未来走向

# 人民币汇率形成机制的变革

## 新中国成立以来人民币汇率形成机制的变化

2005年7月汇改之前，人民币汇率形成机制有三次重要的变化。首先，新中国成立以后，1953年到1972年这二十年间，实施的是固定汇率制。第二个阶段是在改革开放以后，从1981年到1993年实行的是双重汇率制度，也叫作复汇率制度。第三个阶段，从1994年一直到现在，是以市场供求为参考或者说为基础的，有管理的浮动汇率制度。在新中国成立以后比较长的一段时间，是盯住美元。人民币兑美元汇率大概在2点几的水平上。在改革开放以后的复汇率制度时期，则出现了比较大的贬值。大概从1.5左右贬值到1993年底1994年初（也即两个外汇市场并轨的时候）差不多8.7的水平。从1994年外汇市场并轨一直到8·11汇改前，人民币兑美元汇率是稳中有升的格局。最后，从8·11汇改到现在，人民币兑美元先是持续贬值，最近又开始升值。

## 过去十年人民币汇率形成机制的变化

人民币汇率形成机制的变化有两种分类方法。第一种是区分浮动和盯住。2005年7月汇改以来至今，只有在2008年下半年到2010年上半年期间人民币再次盯住美元，而在这前后人民币兑美元都是浮动的。第二种分类方法是根据市场供求对汇率影响程度的大小进行区分。第一个阶段是2005年到2012年4月，外汇市场上实际上是有升值压力的。在这个过程中汇率的日间波幅仅为0.5%，市

场供求对汇率的影响没有那么强烈。第二个阶段是从 2012 年 4 月到 2015 年 8·11 汇改,波幅有两次放松,从 0.5% 到 2%,市场供求对汇率的影响越来越明显。第三个阶段是 8·11 汇改到现在。8·11 汇改之后有一次比较大的贬值,大概贬了百分之十几。总体来讲,过去十年的人民币汇率制度是市场化程度越来越高,尽管中间有一些波折。

## 8·11 汇改以来人民币汇率形成机制的变化

### 为什么会有 8·11 汇改?

在 8·11 汇改之前很长一段时间,中间价管理是央行用来维持汇率稳定的一个非常重要的手段。早在 2014 年第二季度起,为了遏制人民币兑美元比较快的贬值,央行一直在致力于维护中间价的大致稳定。央行除了在市场上每天进行开盘价管理之外,还在市场上不断通过卖美元买人民币来维持汇率稳定。所以中国的外汇储备消耗早在 2014 年第二季度就开始了,8·11 汇改前 4 万亿美元的外汇储备就已经缩水了好几千亿。那么为什么会有 8·11 汇改呢?第一个原因就是外汇储备在下降。实际上 8·11 汇改是有意释放人民币贬值压力的过程。第二个原因,是为了推动人民币及时入篮(IMF 的 SDR 货币篮),央行适当地改变了中间价形成机制。

从 8·11 汇改之后,央行做了三件事情来遏制人民币兑美元过快的贬值。第一件事是通过反向的公开市场操作来维持汇率的稳定。这样做的效果很直接,但是代价也很大,外汇储备缩水得比较快。第二件事是从 2015 年下半年开始,央行逐渐收紧对资本外流的控制。

资本外流放缓从源头上降低了国内外汇市场的贬值压力。因此对资本流出的管制是维持目前汇率稳定一个非常重要的基础。但是加强资本外汇管制的负面影响一是对资源配置有一些扭曲，二是对于人民币国际化客观上造成了一些负面冲击。第三件事情，从2016年初开始一直到今年5月下旬，央行在不断调整人民币兑美元中间价定价机制，结果是逐渐降低了市场供求对开盘价的影响，重新增强了央行干预对开盘价的影响。

## 8·11汇改以来，人民币汇率形成机制的变化

从8·11汇改到现在，人民币汇率中间价机制又经历了三次变化。第一次，在8·11之后，2015年底之前，央行放弃了干预，中国在短期内暂时进入了自由浮动的汇率机制。这个机制是我们未来的方向。但是现在经历了波折，就是贬值压力太大，央行要被迫来稳住这个汇率。第二次，从2016年年初开始，央行宣布人民币兑美元中间价的设定参考两个目标。第一个目标是昨天的收盘价。第二个目标是在过去24个小时，如果要维持人民币对CFETS货币篮的有效汇率不变的话，需要倒推出来一个人民币兑美元的变动幅度。CFETS汇率指数是中国外汇交易中心在2015年底推出的，由美元、欧元、日元等13种外币组成的货币篮子指数。这个机制从2016年初一直运行到今年的5月中旬。第三次，是今年5月下旬开始，央行宣布每天人民币兑美元开盘价的制定要同时参考三个目标。第一个目标是昨日收盘价；第二个目标是维持过去15个小时内人民币兑CFETS货币篮不变，而需要的人民币兑美元的变动幅度；而第三个目标就是逆周期调节因子。为什么要引入逆周期调节因子呢？根据央行发言人的说法，2017年上半年，我们的国内外汇市场上有一个羊群效应，是一种非理性的预期，认为人民币兑美元一定会贬。因

此,引入逆周期因子就是要对抗这个羊群效应。客观来讲,逆周期调节因子引入之后,使得央行对中间价的掌控能力基本上回到了8·11汇改之前。当然这样做的好处是一下子把市场上的单边贬值预期给消灭掉了。

**逆周期调节因子的调节作用**

我们发现,迄今为止这个逆周期调节因子是单向的。只是在人民币有贬值压力的时候,上调中间价,但是没有在人民币兑美元有升值压力的时候下调中间价。但是我们可以看到最近人民币兑美元升的很快。升得很快有两个问题。第一点就是有效汇率升得比较快。就有人会把出口数据的下滑跟人民币的升值联系起来。第二点,市场预期一旦形成之后就会强化。大家同时来卖美元,市场上升值压力会很大。升值预期会引发热钱流入,进而引发资产价格上升。所以一周多以前,央行第一个举措是停止征收外汇远期交易的20%准备金,这是向市场释放的第一个信号。上周有四天,第二天早上的开盘价都要显著低于昨日收盘价。这意味着逆周期调节因子可能终于要发挥反向的调节作用了。

## 对当前汇率机制的一些疑问

我想讲一下对当前机制的一些疑问,以供大家参考。第一种情况,假如美元指数继续走弱,人民币升值压力很大,央行会很难办。第二种情况,如果美元指数重新走强呢?根据当前的定价机制,人民币兑美元的汇率很可能又要重新贬了。第三种情况,特朗普政府当前国内压力很大,为疏解国内的不满情绪,很有可能对中国进行贸易制裁,这种情形下人民币汇率将会如何应对呢。第四种情况,IMF在今年年中的时候评估,认为双因子定价模型的市场化程度是不如 8·11 汇改后初期的。在引入逆周期调节因子之后,IMF 有可能会认为定价模型中由市场决定的部分越来越少。IMF 未来可能又会和央行来讨论这个问题,这也是一个不确定性。最后一个问题,今年 5 月下旬到 8 月下旬,我们的汇率机制其实非常类似于盯住一篮子。但是对于中国这样的开放大国自由体而言,盯住一篮子不能长期地采用。盯住一篮子的汇率不是由国内外汇市场供求决定的,而是由全球主要货币之间的相互波动决定的,因此只适合于新加坡这样的贸易依存度比较高的小型开放经济体。所以对于中国这样的大型开放经济体来讲,最后终将会走向自由浮动的汇率制度。问题仅仅是分一步走还是分多步走,是快走还是慢走。现在市场情绪转变了,市场预期汇率企稳,甚至有升值压力的时候,恰好是进一步推动汇率决定市场化改革的时候了。怎么做?很简单,我们只需要在中间价定价模型中,逐渐调高昨日收盘价的占比就可以了。我们团队之前有一个建议,即应该把收盘价与篮子汇率的权重由 50% 比 50% 变成 75% 比 25%,也就是国内收盘价占 75%,篮子汇率占 25%,这样逐渐地进行调整。

## 如何预测未来的汇率走势?

### 基于经济基本面的分析框架

我这里给大家提供一个基于经济基本面的汇率分析框架。这个框架有五个因素。前三个因素可以用来分析任何两种货币之间的汇

率走向,也即短期看两国的利差,中期看两国的通胀差,长期看两国的竞争力之差。这三个维度各自对应了一个理论,短期是利率平价,中期是购买力平价,长期是巴萨效应。但是分析中国当前的汇率走向,还要看两个中国特色的问题。第一个就是中国金融抑制的环境是在逐渐放松的。另外一个就是国内的金融风险还在积聚,还在显性化。最后这两点意味只要我们放开资本流动的管制,短期内我们还是会看到持续较大规模的资本外流。

**对未来汇率的一些判断**

首先,短期看利率。2009年到2011年间,中美利差迅速拉大,这主要是因为中国经济过热,央行不断地加息以及提高准备金。中美利差最大的时候超过6个百分点,套利资金的流入使得外汇市场上人民币出现升值压力。高利差从2014年起一直到2016年底显著收窄。一方面是因为中国经济不景气,央行降息降准;另外一方面因为美联储退出量宽,2015年底开始加息。最窄的时候利差已经不到3个百分点。利差收窄的过程就是套利交易反转,外汇市场出现贬值压力。但是今年以来,由于中国国内金融强监管的因素,中美利差重新拉大了,导致短期内人民币兑美元升值压力重新拉大。展望未来,我个人判断,短期内中美利差将会温和的收缩。监管的因素作用在消退,基本面的因素会重新占据主导。

其次,中期看通胀。通胀对汇率的影响,只有一国在发生恶性通胀的时候才会显现出来。目前,中美的通胀都在低位,中美的CPI同比增速都是百分之1点几。所以说通胀这个指标并不是短期内能够对汇率产生比较大影响的指标。

再次,长期看竞争力。我们可以用两种指标来刻画竞争力。第一个指标就是劳动生产率的增长速度。过去二十年,中国的劳动生产率增速一直快于美国，这也是人民币过去二十年兑美元升值的基础。但是从 2008 年到现在，美国的劳动生产率增速有波动但是大致是稳定的，而中国的劳动生产率增速下降得很快。原因是人口老龄化和流动人口从农村向城市的转移基本结束。我们的劳动力成本增长很快，但是我们的技术进步没有相应的增长，导致我们的劳动率的增速开始下滑。这个下滑的过程会削弱人民币兑美元长期升值的基础。人民币兑美元未来的走向，我觉得有两种情形。一种情形就是十九大之后推出了很多重要的结构性改革，这些改革举措能够提升我们的潜在增速，能够带动大家对中国经济中长期增长前景的预期重新转强。人民币兑美元会重新具备一个升值的基础。另外一种情形，如果我们国内的改革没有像预期中那么快来到，劳动生产率的增长速度会依然下行。在这种情况下，这个缺口会进一步收窄。所以是扩张还是收窄，就看中国未来的结构性改革能不能按期到来。第二个指标，看投资回报率。这个指标中国大部分时候是高于美国的，但是 2008 年之后我们降得很快。从 2012 年到现在，中国的税后投资回报率是持续低于美国的，而且缺口在拉大。所以说，人民币未来会不会重新升值，关键就看我们的改革能不能使我们国内民营企业投资回报率重新上升。如果没有技术变革的话，减税也行，因为这个是税后的投资回报率。

我们来看第四个维度。中国过去是一个金融抑制的环境。居民和企业到海外投资受到比较严格的控制。但是现在正在逐渐地放开。我们比较了三个大国，美国、日本和中国海外总资产的分布。三国直接投资的占比很接近，都是 20% 左右，差距比较大的是证券投资。证券投资占美国海外总资产的比重是 40%，日本是 45%，中国只有 5%。中国多的是外汇储备，储备资产占到中国海外总资产的 50% 以上。所以只要我们未来逐渐放开资本流动，居民和企业会有很大的

动力到海外去做多元化的资产投资。这意味着私人部门的资产外流会加大,会对人民币带来贬值的压力。IMF在两年前做了一个估算,如果中国央行在五年内完全开放资本账户,出于私人部门多元化投资动机的资本外流累计可以达到GDP的15%左右。

第五个维度,中国目前的金融风险很高,而且还在不断地显性化。2015年底中国的私人部门信贷存量占GDP比重根据BIS的数据大概是200%。私人部门信贷显著上升带来的风险是毋庸置疑的。例如,这会造成房价显著上升,持续高房价会削弱城市的竞争力,会削弱这个城市对资源的吸附能力。高房价对投资回报率会有负面影响,而最后又会对本币汇率产生负面影响。

总而言之,今年以来人民币兑美元的汇率升得很快。最近两个月人民币兑篮子的汇率也在升值。这一升值只能部分地被基本面因素的变化所解释。所以,不要轻言人民币兑美元汇率已经进入新一轮升值周期。从基本面来看,我们对美元其实还有一些下行的压力。第一,中美利差短期进一步扩大的可能性不大,甚至有可能温和地收缩。第二,中长期,未来中国央行应对通胀和市场泡沫的压力可能会比美联储更大。第三,中美竞争力的差距未来是扩大还是缩小,有一些不确定性。如果重大改革能出来,我们回报率会上升,会有新的升值周期。但是如果改革还是迟迟没有到来的话,那就有人民币继续贬值的风险。此外,金融风险的显性化和金融风险的上升,还有金融抑制的打破会加剧资本外流的压力。第四,如果中美贸易冲突加剧的话,对人民币汇率会有两点不利的影响。第一点,尽管贸易战是两败俱伤,但是从短期来看,大多数文献显示贸易战对顺差国的负面影响要大于对逆差国的负面影响。第二点,因为前面有段时间汇率维稳其实有中美博弈的因素,那么如果特朗普要反其道而行之,不排除博弈反转。最后就是我的一个预测了,今年人民币汇率差不多就是稳在目前这个水平了。我们认为2017年底的上限就是6.5左右，下限可能在6.7左右。明年的汇率走向有很强的不确定性。如果是由经济基本面决定的话可能会有一些贬值的压力，但是由市场预期来主导的话，那有可能明年还会有升值压力。

## 几点建议

第一点，短期内，特别是在中国国内金融风险还在释放过程中，还是应该保留对资本账户的适当管制。可以防止资本大进大出对国内金融市场和人民币汇率的冲击。第二点，对于中国这样的大国来说，国内货币政策的独立性要远比汇率重要。所以，人民币汇率还是应该更加弹性化一些。第三点，加强金融监管很重要。我们需要进一步加强金融监管，以遏制系统性风险的上升。第四点，要加快实体改革的步伐。比较重要的是国企混合所有制改革、土地流转改革、服务业对民间资本的加速开放，还有进一步地普惠老百姓的城市化进程。

录音整理　邹玲

从经济学视角看中国金融科技领域的竞争格局

**孙明春**，现任博海资本有限公司董事长、投资总监兼首席经济学家。

历任：中国国家外汇管理局经济师，美国第一资本金融公司高级分析师，雷曼兄弟公司亚洲高级经济学家，野村证券董事总经理、中国首席经济学家、中国股票研究部主管，大和资本市场董事总经理、亚洲首席经济学家、中国股票研究部主管，上海博道投资管理有限公司高级（创始）合伙人、首席经济学家。

教育背景：复旦大学经济学学士（1993年），美国斯坦福大学管理科学与工程系博士（2006年）。

社会任职：现任香港中国金融协会副主席、中国金融40人论坛成员、长城环亚控股有限公司独立非执行董事、卓智控股有限公司独立非执行董事、香港知行教育基金会理事、鲁港企业投融资联合会副会长，并任复旦大学经济学院、上海交通大学上海高级金融学院、清华大学五道口金融学院、及香港中文大学亚太商业研究所客座教授/荣誉研究员。

主要学术成果：2007年出版了一部英文学术专著《编织两边网络：网络平台竞争的制胜策略》；1998年出版了一部关于人民币汇率的中文著作《换不换钱》；在国际学术期刊上发表了数篇关于企业战略和经济学方面的学术论文；在《经济研究》等国内学术期刊上发表经济论文70多篇。

# 从经济学视角看中国金融科技领域的竞争格局

**【编者按】**

2017年10月13日,"金融鹏程大讲堂"第22期顺利举办。博海资本有限公司董事长、投资总监兼首席经济学家孙明春博士删繁就简,用简单的经济学原理剖析变幻莫测的金融科技的竞争格局,并预测其未来发展趋势。

**【核心摘要】**

网络效应对于企业业务发展、商业模式的发展均产生较大影响。网络分为单边网络和两边网络。对于单边网络,参与网络获得的益处取决于该网络参与者的数量;而对于两边网络,参与者的收益取决于另外一边参与者的数量。网络效应是影响竞争性两边网络的最关键的因素之一,但不是决定性因素,即现存客户数量越多,赢的概率越大。

以网络经济学原理分析,当一个网络的增长超越了临界线,在没有竞争的前提下,位于临界线之上的企业扩张将是一个"自我增长"的内生过程,用户之间正反馈会不断吸收更多用户加入网络。因此,互联网企业在创业初期为了达到临界点而不惜重金,不惜赔本把客户基础扩大,这就是互联网经济。但如果为竞争性网络,对一个较小的网络平台来说,如果其产品的关键特征或品质远优于大平台,假以时日,完全有可能赶超大平台,甚至导致大平台出现生存危机。因此,从商业模式角度上看,网络平台须不断完善和改进其所提供的产品或服务,以赢得平台之间的竞争。

互联网企业进入金融领域,是依托在本来的电子商务网络或是社交媒体网络等各种原生网络上,给它的客户提供附加性的服务,目的是增强原来的网络和生态。由于原生网络具有竞争性,一旦有平台开始从事金融领域,其他平台紧随其后,各自发挥优势。因此,

金融鹏程

互联网金融的出现是互联网商业模式发展过程中不可阻挡、水到渠成的过程,是为了增强原生网络生态和客户黏性的方法。

我今天讲的主题是金融科技。今天我用经济学的视角,删繁就简,用一些简单的经济学理论来分析金融科技的竞争格局。这么多新业态、新金融主体,谁能赢?投资哪个将来能赚钱?

## 金融科技的五大类参与主体

我认为参与金融科技的主体可概括为以下五类:第一类是传统金融机构,包括银行、券商、保险公司,它们必须跟着科技发展的脚步不断更新发展;第二类是所谓的入侵者,即互联网公司,包括电商平台、网络社交媒体、各类搜索引擎等;第三类是独立的金融公司或者平台,这些公司本来没有电商或其他互联网业务,而是专门做出一个金融细分业务的公司,比如某些第三方支付与互联网保险,如众安保险等;第四类是科技研发企业,这些企业本身不从事金融,只做研发、模型和算法,通过模型等技术性支撑工作为金融服务,包括为互联网公司服务。最后一类是传统线下的非金融公司(包括电信公司、零售公司、地产公司)跨界从事金融领域。你可以看见各种各样的人都迈向了金融领域。

虽然金融科技只是最近几年的事情,但发展规模已经非常庞大。BATJ四家商业模式都不一样,各自营造的生态圈也不一样,各有所长,各有原因。它们的起步是与它原有的业务有相当大的关联,不是凭空而起。尽管金融科技生态系统复杂,但删繁就简,可以回归到简单的经济学理论进行分析。

金融鹏程

# 以经济学理论三个分支进行分析

我想问三个问题。第一个问题：哪些金融科技技术未来能够有可持续性的发展，这个要从技术的角度来思考。第二个问题：哪些商业模式将来是有前途的，哪些只是昙花一现的。第三个问题也是最需要回答的问题：哪些公司将来能成功。上述问题，如果是站在行业的微观基础上来看，我认为是没办法回答的，但我认为经济学的理论可以作为指导，帮助我们回答这些问题。

我们可以用以下三个经济学的分支理论作为理论指导。

一是制度经济学理论。如果一个新的技术或者商业模式能够大幅降低交易成本，那么它就能扩大市场边际。以前因为交易成本太高而做不了的事，现在因为交易成本降下来可以做，这种技术和商业模式的生命力很强大，因为你等于把不可能变成了可能。

二是信息经济学理论。即信息不对称的问题能否得到更好地解决。金融科技有很多技术，无论是大数据还是云计算，以及各种算法，都可以降低信息不对称，却不可能完全消除信息不对称。从接下来的分析我们会看到，有一些商业模式、金融科技可以大大改善信息不对称的问题。

三是网络经济学的理论。金融科技的一大块领域就是互联网金融，而互联网又有着很强的网络效应。我博士论文研究的是网络经济学，主要是研究两边经济学。像阿里、京东、腾讯的这些商业模式都是两边经济学的经典案例。这个理论可以改变我们很多的商业理念及其金融模式。

## 以网络经济学理论剖析金融科技竞争格局

什么叫网络经济学？现实生活中有一些特殊的商业模式，这些商业模式存在着比较明显的网络效应。一旦有了网络效应，对于业务的发展及竞争模式的发展都有非常大的影响。

首先，网络效应先要建立于一个网络上，如电信网络、电商网络等。网络效应是一种非常特殊的现象，即一个网络的参与者，其参与网络得到的好处取决于这个网络里参与者的数量。如电话，如果世界上只有你有电话而别人没有，要电话有什么用？这个网络有多少效应，取决于网络里面有多少人，越多效用越大，包括正效应和负效应。

金融鹏程 大讲堂

　　网络又要区分两类，一类叫单边网络，一类叫双边网络。电话是单边网络，咱们都是打电话的人。另一类叫双边网络，如信用卡，一边是接受信用卡的商户，一边是信用卡的持卡人。美国有Visa、MasterCard、American Express，日本有JCB。今天给你一个JCB卡，估计大部分人不会要，因为中国很少有商户接受它。所以接受某个卡的商户越多，你用这个卡的效益就越大。反过来，为什么没有商户愿意接受JCB卡，因为在中国找不到很多人有这个卡。所以这是一个跨边的网络效应，你的收益，你加入网络的好处不是取决于你同边的人，而是另外一边，即对商户来说，是用卡人的数量，对用卡的人来说，是接受卡的商户数量。所以这是一个正反馈，它越大，就会变得更大。像微信，用的人越多，大家就全用微信了，产生"自发性的成长"，后来完全自己生长。如果到不了临界点，即使花了很大功夫，还是要关掉，只有在这条临界线的右边，才有可能生存下去。

现实中还有很多两边网络。比如电脑的操作系统是一个两边网络，一边是电脑用户，一边是基于这个操作系统写软件的软件商。历史上有苹果和微软之争的故事，当时苹果的电脑操作系统是一个封闭系统，而微软允许所有电脑软件开发商在它的平台基础上写软件，结果发现微软系统有了许多软件，用起来很方便，苹果电脑的图像质量虽好，但用户却越来越少，慢慢在电脑操作系统领域就不行了。

此外，还有一个现象：有的两边网络是赢者通吃，有些两边网络是多平台共存。影响竞争性的两边网络的成败因素很多，最为关键的因素是网络效应，但不是决定性因素，即现存客户数量多，赢的概率越大。其他取决因素还包括网络参与者的行为特征是单栖（single-homing）还是多栖（multi-homing）。单栖指仅使用一个平台，比如你现在聊天只用微信。多栖行为就是你选用多个平台，比如信用卡，你兜里可能有银联，有 VISA，有 MasterCard 等。是单栖还是多栖主要取决于转换成本、参与成本和学习成本。比如买一个 DVD，你买多个制式的 DVD 机，家里面得摆很多东西，而且成本又高，所以一般情况下你只选择一个 DVD 的制式。

我用大量的数学模型论证了以下情况：一个网络，它的起点比另一个竞争性网络小，但如果它在关键的产品的品质上优于另一个网络的话，给它一定的时间，它完全有可能扭转当前格局。所以，虽然网络效应非常重要，但是它不是唯一的决定因素。

为什么出现了互联网金融？其实互联网金融不一定是互联网公司主动想从事金融。最初很可能是因为竞争性网络之间的竞争，导致它在原来的业务基础上需要提供新的、更高质量的服务，这时它进入金融是必需的。比如阿里做的这个支付宝，它做电商的过程中

付款流程太麻烦，于是很自然地做了一个支付工具服务它的电商网络，其目的是实现阿里巴巴的公司使命："让天下没有难做的生意"。这是水到渠成、自发形成的过程。而为了赢得竞争，其他竞争性网络平台也被迫追随效仿。

总结一下关于网络效应两边市场的基本理论。如果网络起点过了临界线，它的扩张是一个内生过程，因为用户之间正反馈会不断地吸收更多的用户来加入。但是，万一竞争对手网络出现一个更好的产品或服务，而原来的平台不努力改进，竞争对手有可能短时间内吸引大量的客户，推倒之前的平台。因此，互联网企业在创业初期为了达到临界点而不惜重金，不惜赔本把客户基础扩大，这就是互联网经济。在没有竞争的前提下，位于临界线之上的企业将通过内生成长不断上涨。但如果是竞争性网络，在某些领域，当新的平台的关键产品特征远远好于之前的平台，之前的平台将有生存危机。从商业模式的变化看出，平台必须不断改进自身的产品和服务。我觉得并不是互联网企业野心大，非要杀到金融领域，它是依托在本来的电子商务网络或是社交媒体网络等各种网络给它的客户提供附加性的服务，目的是增强原来的网络和生态。如果是竞争性网络，一旦有一个网络平台开始做了，其他平台必须紧随其后，各自发挥优势，否则甚至可能有灭顶之灾。

因此，互联网金融的出现是互联网商业模式发展过程中不可阻挡的，它必然要出现，阿里就是一个最好的例子。阿里最初做支付宝，是服务电商，降低交易成本，实现其"让天下没有难做的生意"的理念。支付宝慢慢沉淀资金，再做出余额宝，将闲置资金提供增值服务。然后基于平台电商的融资需求，阿里小贷也应运而生，包括后来做的"花呗"，都是服务于它的电商网络。在余额宝之后还有招财宝，蚂蚁聚宝，再到蚂蚁财富，从简单的货币基金到后面的理财产品，再到提供全方位的财富管理服务，是一个水到渠成的过程，是增强网络生态黏性的一种方法，最后演变为大生态。

## 传统金融机构应该如何应对？

其实传统金融机构具有很大优势发展金融科技或者互联网金融，因为它有大量的企业客户和个人客户，还有大量的理财产品。但是它们的公司网站只是一个简单的互联网网站，实现客户单边与银行的交流，没有形成跨边的网络，没有发挥网络效应。此外，传统金融机构还缺少场景。成功的电商或互联网公司进入金融有它的优势，顺理成章、水到渠成。而金融机构反过来加入互联网因素，其实没那么顺理成章。因此最好是合纵连横，各自发挥优势，资源互补。

## 未来格局的判断与预测

1. 第三方支付。第三方支付是标准的两边市场，一边是用户，一边是商户。现在有两种不同的技术，一种是二维码，另外一种NFC（比如中国香港的八达通卡）。首先这两个技术应该可以共存，我认为NFC应用于地铁、公交车等需要"快速支付"的领域，但基于手机的二维码支付未来前景更大、更普及。无论对商户还是用户，使用这一技术的成本很低，因此更容易扩散。相比之下，NFC是有成本的。而最终刷卡的POS机估计将要慢慢退出历史舞台。

第三方支付一共有两百多家持有央行牌照，但前两家阿里和腾讯占了94%的市场份额，前八家占了98%的市场份额，赢者通吃现

象已经显现。但是判断寡头垄断还是单头垄断,取决于网络的参与主体。无论支付宝或财付通,它的使用成本很低,共生的可能性非常大。因为细分市场很大,如果找到合适的所谓"场景"和突破口,可能第三家、第四家将占据更多份额,而支付宝和财付通的份额可能会下降,但整个市场总量还在增长。

2. 理财市场。一边是买理财产品的客户,一边是提供理财计划的基金公司或银行,是标准的两边市场。如此一来,一方希望用户越多越好,另一方希望产品越多越好。但是金融产品是特殊的产品,并不是产品越多越好,控制风险很重要。即使有很多产品,到最后亏钱也不行,所以既要有数量,又要有质量。理财平台的更换成本不是很高,每个人可以同时在几个理财平台上开多个账户,所以肯定存在寡头垄断的局面。有两个关键的问题,一是产品太多,二是专业性太强。一个理财产品的背后信息很复杂的,如果单纯靠买方逐一挑选,这种模式不可持续,我认为将来会被智能、一站式服务的平台所取代。给客户提供一个自动选择投资标的的平台,通过了解客户的需求、风险偏好、收益偏好等信息,由平台自动帮你挑选。所以产品不是越多越好,对投资者来说,数量多带来的网络效应没有产品质量高所带来的网络效应大。未来理财平台要充分利用金融科技、智能投资。

3. 借贷市场。金融科技在该市场的应用较多,发展成熟。如基于电商的京东、阿里,基于百度搜索的信贷,基于社交媒体微信的微粒贷等。还有一批公司自己不做信贷业务,而专门为信贷提供模型算法风控等。金融中介在借贷市场的功能可以用信息经济学分析。比如京东和阿里的贷款业务的优势是拥有强大的借贷场景。电商交易中存在借贷需求,而且平台能获取电商平台借款人的详细历史数据,包括交易性数据,大幅降低了信息不对称的问题。所以这类基于电商平台的信贷业务优势非常突出，银行也无法比拟。但它们的缺点是对公领域，我觉得寻求多方合作是条出路。

还有信息科技企业，它们其实是帮助金融机构做算法和模型，核心竞争力主要是模型的预测能力，以及人工智能、深度学习的能力，主要优势在于技术。尤其有了手机以后，数据量爆发式的增长，金融科技公司掌握了越来越多的数据，计算能力又增强，所以前景很大。金融科技公司可以选择与金融机构合作，传统商业银行的优势是客户基础、资金优势，对公业务实力雄厚。

4. 金融科技的监管。过去这几年咱们金融监管的政策非常好，如果没有过去这几年开放包容的监管政策，今天金融科技绝非有如此成绩。同时，我们也要防止金融风险，防止出现"大而不能倒"或者"大而不能管"的现象。此外，通过网络经济学分析说明，很多领域确实存在赢者通吃的特征，从几千家几万家，最后可只剩下几家几十家几百家，意味着大量的P2P将倒闭，监管要思考如何应对倒闭潮，应对系统性风险。此外，还有防止逆向选择的问题。互联网为了在开始阶段抢占客户基础，无论理财还是P2P贷款，往往在价格上给出不合理的定价，引发道德风险或偿付风险。

5. 总结。首先，我认为金融科技是一个水到渠成、不可阻挡的趋势。其次，这个领域具有较强的赢者通吃特征，可能最后赢家少许，但赢的都是寡头。将来有一些新兴的金融科技企业或者互联网金融企业可能会非常成功，与传统金融机构平起平坐，今后还会出现合纵连横现象。从资本市场角度看，机会非常多的。

录音整理　刘絮莹

绿色投资国际发展态势与实例

**刘笑梦**，美国密西根大学会计学学士，美国沃顿商学院金融学硕士，荣获美国总统奖。曾任美国顶级投行－拉扎德资产管理有限公司（LAZARD Freres）副总裁，香港人保资产管理公司CEO，现任法国东方汇理资产管理公司中国区业务总管，董事总经理。在拉扎德资管公司任职期间，曾先后负责银行、保险、工业等领域的投资管理，熟悉美国及新兴市场国家金融市场运作模式，所负责的团队管理着全球最大的新兴市场投资平台，资产规模一度达500亿美元。2015年加入法国东方汇理资产管理公司，关注国际绿色金融发展，推动中外绿色金融领域的交流与合作。

**【编者按】**

2017年10月18日上午,"金融鹏程大讲堂"第23期顺利举办。东方汇理资产管理中国区董事总经理刘笑梦女士结合本人在绿色金融领域的实战经验,从绿色金融投资者的角度深入讲解了当前国际绿色金融发展形势;通过实际案例,揭示了绿色投资者对绿色金融产品的筛选、评估、认购标准与流程,为国内绿色企业赴海外融资提供了经验与借鉴。

**【核心摘要】**

目前,全球气候合作与低碳政策环境已经建立,国际绿色金融体系也已初具雏形。发达国家已建立了完善的绿色投资领域政策督导、法律法规与自律组织,财政手段对绿色投资发展起到了明显的杠杆撬动作用。世界银行与亚投行是国际上倡导绿色投资理念、开展绿色投资的重要组织。东方汇理资产管理等欧洲机构投资者十分重视绿色投资的发展,它们通过组织发起欧洲减碳投资联盟、设计开发具体产品与建立绿色产品标准等方式践行着绿色投资发展理念。演讲嘉宾通过三项具体案例的介绍,传达出绿色投资可与其他投资获得相近的投资收益,这一颠覆性理念。

很高兴今天能有机会跟大家进行交流，今天的题目是"绿色投资国际发展态势与实例"，内容分为四个部分：第一，国际绿色金融发展态势；第二，欧洲资产管理公司如何践行绿色投资理念；第三，国际绿色投资实际案例；第四，发展绿色投资的路线构想。

## 国际绿色金融发展态势

大家都知道，气候变化已成为全球投资者面临的重大问题。由于环境风险的产生，金融领域才产生了绿色的概念。当前，英美等国家都自上而下地构建了绿色金融监管体系，例如，美国1980年出台的《超级基金法案》就提到环境责任具有可追溯性，并且是连带责任的。根据该法案，金融机构如果贷款或投资于环境风险较高的企业，要承担连带责任，并要承担环境治理费用。

纵观全球，全球气候合作与低碳政策环境已经建立，国际绿色金融体系也已初具雏形。在全球气候改善行动当中，金融合作得到了很多国际合作议程的呼应，金融监管机构、私人部门和行业组织都积极参与了全球绿色金融体系的构建。以中国为代表的发展中国家，逐渐成为全球绿色发展的中流砥柱，这成为近年来国际绿色金融发展的新趋势。

下面我来介绍一下国际绿色投资的发展情况。首先我们来看一下政策环境和法律法规。美国、欧盟还有日本等发达国家已建立了绿色投资领域的政策督导、法律法规与自律组织。其中，财政手段对绿色投资起到了明显的杠杆撬动作用。实际上，绿色投资具有法律法规非统一性，产品非主流性，发展非平衡性，还有难以实践和非可持续等一系列困难。虽然存在一定的困难，但还是有投资实践的，

下面我来介绍一下国际绿色投资的一些实践。

以美国为例,美国有绿色投资机构、绿色指数、绿色债券和绿色公益基金,它们具有各自的特点、发展目标、代表性机构和代表性产品。我这里想着重提一下夏威夷绿色能源市场证券化项目。夏威夷蓝天碧海,空气质量非常好,但他们仍然很重视绿色,夏威夷州在美国是非常前卫的绿色投资人,他们希望能做到更好的环境保护。

除了国家层面,我再举两个市场投资机构的例子。第一个是世界银行,他们主要的投资方式是绿色债券。自2008年以来,世界银行通过130个项目与18种货币,共发行了相当于100亿美元的绿色债券。世界银行的绿色投资支持了约85个环保项目,其中34个是位于中国的。另一个就是亚投行,它跟世行有些不同,它的主要投资方式是基础设施建设项目投资(包括:能源、电力、交通、电信、农村基础设施、农业发展、供水、卫生、环境保护、城市发展和物流发展等基础项目投资),其投资理念是精简、廉洁和绿色(Lean、Clean、Green)。用亚投行行长金立群的话讲,"在开展基础设施项目投资的时候,亚投行将会正确处理好发展和绿色、经济增长和环境保护的关系,避免走传统工业化过程中只注重发展,不重视绿色,先污染后治理的一些老路。尊重自然、顺应自然和保护自然,帮助成员国实现可持续的发展"。

## 以东方汇理资产管理为代表的欧洲投资者所持有的绿色投资理念

先简要介绍一下东方汇理资产管理公司,以及为什么以它作为欧洲绿色投资者的代表。

东方汇理资产管理公司现管理着 1.3 万亿欧元的资产，是欧洲最大的资产管理公司，名列全球十大资产管理公司，社会责任投资总额已经达到了 1680 亿欧元。在过去的发展中，东方汇理不断落实绿色金融理念，创新绿色投资实践。

首先，我们是欧洲减碳投资联盟的发起人。2014 年，东方汇理与联合国环境规划署，以及瑞典第四国家养老基金（AP4）共同提出建立减碳投资联盟。原投资目标为 1000 亿美元，目前投资总额已经超过了 6000 亿美元。投资项目包括清洁能源（太阳能和风能）与化石燃料企业转型等。

其次，我们设计了 MSCI 低碳指数。细节等下我会跟大家讲。

再次，我们建立法国绿色债券标准，并为 MSCI 绿色债券标准所借鉴。

最后，我们设立了中法绿色基金。2015 年 11 月，在习近平总书记和奥朗德总统两国元首的共同见证下，东方汇理与中国农业银行签署了《中法国际能源过渡绿色基金谅解备忘录》，我们筹备设立"中法国际能源过渡绿色基金"。东方汇理成为首个与中国银行业设立跨国绿色基金的资产管理公司。

谈起绿色投资，很多资产管理公司面临的最大难题是项目无法落地。下面，我将分享东方汇理资产管理公司运营的三个产品案例，希望能给大家提供一定的借鉴。

## 建立致力于能源转型的新型资产管理公司——AET

介绍这个项目之前，先简单介绍一下背景：欧盟有一个新的法律规定，要求各成员国在 2020 年将可再生资源占比达到 20%。这个法律高于欧洲各个国家自己的法律规定。目前各国可再生能源占比都不一样，芬兰可再生能源占比最高，为 50%，但对于大部分国家来说这个要求是很严格的。比如，法国和德国的可再生能源占比就小于 10%。为达到欧盟标准，不达标国家的政府就要求电力公司进行可再生能源设备改造。然后通过签订一个 15 年期的合约，允许电力公司将电价进行调整。之所以合约期限设置为 15 年，一方面是因为这个项目是从 2010 年开始的，另一方面是考虑到基建设备的寿命通常是 20 年，所以 15 年是公认的合理年限。当前，欧洲很多资产管理公司，还有很多的一些 PE 公司，都在和电力公司进行合作，欧洲可再生能源行业近年来是高速增长的。

讲完背景，我们来介绍一下这个案例产品——AET。AET是东方汇理资产管理与法国电力集团（即EDF）共同建立的，致力于能源转型的新型资产管理公司。它的投资策略是依托东方汇理资产管理的专业知识，投资于由EDF及其子公司开发的能源转化项目，具体投向涵盖可再生能源生产（风能、太阳能）和能源效率提高（供热网络、热电联产）等领域的有形资产。AET可充分整合各方资源，为欧洲机构投资者带来长期、稳健的现金收益。一方面，AET可借鉴东方汇理资产管理对各类资产管理的专业知识，对其投资的资产进行高效管理；另一方面，AET可借助EDF所持有的优质绿色资产渠道与强大的行业专长，筛选甄别值得投资的绿色项目。

与传统私募股权投资相比，AET所投资的项目现金流具有总回报可观与可控的退出风险两项特点。从回报来看，AET与传统私募股权投资具有相同的内部收益率水平；从退出来看，AET项目没有出售收益，也没有退出风险。

## 与IFC共同发起的新兴市场绿色债券产品

下面介绍的是，东方汇理与IFC共同发起的新兴市场绿色债券产品。众所周知，IFC是世界银行的全资子公司，我们是在全球竞标最后一轮当中，从17个公司里面被IFC选中的。IFC选择我们有两个原因：第一，东方汇理专注于新兴市场，且在债券领域能力强大。我们现在掌管着100亿美元规模的新兴市场债券产品，且业绩水平非常好。第二，我们在绿色方面是先驱。

这个产品的投资组合计息率是5%，评级是BB+/BB，久期是5.14

年左右，主要投资于金融机构发行的绿色债券。这个债券有12年法律期限，7年投资期，5年到期管理期。

值得一提的是，这个产品在前7年不是全绿的，而是缓慢地变绿。之所以这样安排，是因为新兴市场现在缺乏绿色债券。我们可以看一下世界绿色债券发行的总量，在2016年1180亿美元的绿债总量中北美占了21%，欧洲占了34%，中国在亚洲占了大头，有10%。我们与IFC的预测认为：从现在到2030年，新兴市场约有23亿美元与气候相关的投资机会，关键是如何判断哪些新兴市场金融机构会在绿色债券市场当中起到重要的作用？

我们的经验是，以下三类国家值得重视：一是发展很快，但是环境治理没跟上的国家。正面的例子当然就是中国，还有越南这些地方。但是像台湾这些地方的投资机会就不明显，因为它们经济发展得很慢，调整得也很慢，所以它们不太会发绿色债券。二是相对富有的新兴市场国家，因为它们资质良好，所以它们发债之后投资者有充足的信心去购买他们的绿色债券。三是石油、钢铁这些行业比较发达的国家，因为这些国家的绿色需求通常是比较大的，所以巴西、南非等国的投资机会就比较大。

下面，我们将视角转向绿债需求方。新兴市场发行的绿债产品，一般谁会投呢？答案是金融机构，尤其是想发绿色债的金融机构，还有一些保险公司也会比较有兴趣。这里我想强调一点，当时IFC选择我们一个很重要的原因就是东方汇理是非常具有社会责任的，我们左手是融资方，右手又是投资方，我们迫切希望把市场做大，并希望越来越多的人参与，从中受益。

## 为 MSCI 开发的低碳指数基金

最后介绍一下我们为 MSCI 开发的低碳指数基金。我们公司与法国储备养老保险基金（FIR），还有瑞典第四国家养老基金（AP4）一起，帮助 MSCI 开发并投资了第一支低碳指数——全球低碳领导者指数（即 MSCI）。这只指数产品之所以具有创新性，一是因为它是低碳经济指数；二是因为它具有高效率，它有着非常低的追踪误差，且透明度很高；三是它还具有可持续性，因为大家可以看到它有非常好的信息比率。

我大概简单讲一下我们全球低碳领导指数的编制方法。它有两个非常明确的目标，一是碳足迹缩减量至少达到 50%，二是一定要与 MSCI World 指数的跟踪误差最小化。若要实现这两个目标，且能满足客户 50% 以上的收益率要求，该怎么做呢？

我们从 MSCI World 这个指数开始，删除碳排放量最高，碳储备量最大的上市公司。做完这一系列动作之后，我们根据成交量、行业与国家限制，将事前跟踪误差降到最低。在删除上市公司当中，有一些非常专业的公式，但其中的关键是数据如何获得。由于 MSCI 是一个非常大的数据库，所以他们会把这些数据提供给我们，让我们进行分析。另外，现在越来越多的公司愿意主动向我们透露他们公司的数据，因为他们希望通过主动透露这些信息，而被 MSCI World 这个指数所看重，不被筛选掉。

然后，我们要降到最低的最小化跟踪错误。我们是通过四个步骤来实现：第一，单支成分股的权重不得超过其在母指数中权重的 20 倍；第二，单个国家在指数中波动范围不得超过该国家在母指数中权重的 2%；第三，单个行业在指数中的波动范围不得超过该行业在母指数中权重的 2%；第四，与母指数相比，按化石燃料储量计

算的温室气体排放量和潜在的温室气体排放量的减少量必须至少为50%。通过上述措施,我们可以做到兼顾50%的碳减少和低跟踪误差,我们的低碳指数和MSCI几乎是一模一样的。

观察这只产品的回报率曲线我们可以看到,它和普通产品的回报率水平是非常相近的,因此投资绿色产品不仅不会造成收益上的损失,还能多尽一份社会责任。在实际投资当中,很多国家的主权基金、基金公司和证券公司都在投,他们全部都是冲着MSCI World指数去买的。

刚刚介绍的是我们公司开发的几只绿色产品,最后我想纠正大家一个心理误区。通常,一说到绿色,国内投资者就认为它收益低,其实这个想法是错误的。因为在现有的国际绿色投资框架下,绿色金融产品与其他产品相比是有类似收益的,这也是我们一直在推广绿色投资的重要原因。

我的演讲到此为止,谢谢大家。

录音整理 马瑞超

利率曲线和定价

**孟小宁**，天风国际证券集团有限公司行政总裁，全面负责公司管理工作，包括证券经纪、资管和投行等业务。他在金融服务业拥有逾10年经验。在加盟天风证券前，他曾在海外最大的中资资产管理公司南方东英任职基金经理。此前还曾任中银香港高级交易员。

孟先生在不同的金融领域拥有丰富经验，包括银行业、基金业和证券业。他曾在一些领域内有至关重要的成绩，包括人民币国际化、中国资本市场对外开放和固定收益市场投资等。他曾负责开发和管理最大的RQFII债券ETF基金，也曾管理UCITs基金并获晨星5星评级。孟先生曾在2016年获中国银行债券市场金牌讲师称号（全国排名第一），还曾在2014年获中国外汇交易中心颁发全国优秀交易主管奖项，并于2012年获全国优秀交易员奖项。他也是目前在中国大陆以外的机构中唯一获此殊荣的得奖者。同时他也是香港财资公会成员。

孟先生本科毕业于清华大学自动化系，之后在香港中文大学取得硕士学位。他常年为中国外汇交易中心、上海清算所、港交所、中国建设银行、北大汇丰商学院、香港中文大学等机构进行授课交流。

# 利率曲线和定价

## 【编者按】

2017年10月30日下午,"金融鹏程大讲堂"第24期顺利举办。天风国际证券集团有限公司行政总裁孟小宁先生从一个资深交易员的视角,通过鲜活而前沿的市场实例全面介绍了固定收益产品的利率曲线和定价,并在此基础上探讨了固定收益市场的本质。

## 【核心摘要】

固定收益产品最大的特点是现金流已知,而折现率是影响价格变化的唯一因素。我们展示了推导折现率的过程,然后在折现率的基础上进行简单的线性变换可以得到利率曲线。定性来看,利率曲线的起点是隔夜利率,利率曲线的短端形态主要取决于市场对于政策利率的预期,利率曲线的长端形态主要受到经济基本面的影响,包括GDP、CPI、就业率、通胀率、消费投资等。

折现率固然重要,但在日常使用时不方便。因此我们用到期收益率来简化一个债券背后所有现金流所对应的一组折现率。到期收益率的物理意义体现为财务投资回报率,和折现率的内容和意义存在本质差别。我们用久期更直观地反映债券价格的变化与债券的到期收益率的变化之间的关系。

固定收益市场的本质是现金流交换和折现率定价,债券只是现金流的载体。通过用利率曲线定价的思维去理解固定收益产品,用现金流和折现率作为交易定价的要素和原则,会极大地改变我们对投资交易、做市和产品开发的视野和能力,对个人、机构和市场产品有颠覆性的影响。

利率曲线和定价

# 什么是固定收益产品

固定收益产品在金融市场中占有非常重要的地位，也是非常专业的领域，而对于整个金融市场的各方参与者来讲，固定收益产品的利率曲线和定价是非常基础但同时又是非常重要的内容，我们先会对固定收益产品最基础、最核心和专业的知识再一次进行梳理和阐述，有利于我们更好地理解和把握金融市场中的固定收益类产品的定价、交易和投资的基本准则。

固定收益产品是目前我们金融市场上具有共同特点的某一大类金融产品的概括总称，其中既包括我们熟悉的债务性工具，如债券、回购协议、商业票据等，也包括一些在原有的固定收益产品基础上派生出来的衍生产品，如远期利率协议、债券远期、利率掉期甚至期权等。这些工具具有最大的共同点，即是其现金流是已知的。

所谓现金流已知，即在该种产品问世之日起，在未来哪个时刻，收付多少现金流，这两个要件都是已知的，且不会改变。以债券为例，我们看到任何一个债券，它都具备明确的还本付息的时间表，而且本息是多少都是事先规定好的，不以市场行情而改变。如果将债券市场与股票市场进行比较会发现，股票市场中关注的重点在于发行股票企业的盈利能力、具体的财务状况、每股的收益，据此来预测股票的价格，而这一过程实际上是对未来现金流的预测，因此股票的研究主要是研究个体未来现金流的多少。然而固定收益产品却不一样，其未来的现金流不需要去预判。

## 固定收益产品的利率曲线和定价

首先,我们引入折现率的概念。其实在金融市场中,不只是固定收益产品,股票、房地产投资等都可以用一个未来现金流折现的方法计算出它今天的理论价格或者是价值。以固定收益产品中的债券为例,计算债券价格所用的未来现金流折现公式如下:

$$P_x = \sum \frac{CF_i}{1+R_i}$$

在上述公式中:

$P_x$代表的是债券的理论价格;$CF_i$代表的是债券的未来的现金流;$R_i$代表的是未来现金流的折现率。

对于债券来说,未来的现金流是已知的,那么债券的价格取决于未来现金流的折现率,也就是公式中的$R_i$。

怎么理解这个$R_i$?在未来每一个时刻,都存在这一个$R$,用来表示未来这个时刻的任意一个现金流和今天其理论价格之间的折现关系。通俗地讲,未来的100块钱不等于现在的100块钱,那今天值多少钱,是要看在当前这一时刻的$R$是多少。而$R$本身只因时点变化而变化,而在这一固定的时间点上,现金流是多少,或者是因为什么工具或载体所产生的现金流,其折现关系都是$R$,并不会有变化。当然我们也许会联想到现实市场环境中对流动性和信用的议价,因此在这里我们只讨论最基础的理想市场环境下的无风险利率。

折现率在固定收益产品定价中的作用和方法:固定收益产品的现金流都是已知的,因此定价的方法是寻找到每一个未来现金流时点所对应的折现率$R$。这样折现相加得到的净现值就是该产品在今天的理论价格。而通常我们会从一个简单的、只具备单一时刻的现金流的债券入手，用现价推出 $R_1$，再把 $R_1$ 迭代到另一只产品中，推算出下一个时刻的 $R_2$，周而复始，迭代计算出更多的 $R$，而反过来这一系列 $R$ 可以用来为未知价格的产品进行定价。

理解了折现率的概念后，我们再引入利率曲线。在固定收益产品债券中，由于债券的未来的现金流是已知的，所以债券的价格取决于其现金流背后对应的折现率，这也是固定收益产品的核心。折现率和债券的到期收益率、票面利率是截然不同的概念，折现率是独立存在的概念，它对债券未来现金流换算成现值的折算关系起到决定性的作用。而利率曲线是由不同的现金流对应的折现率的点所构成，根据利率曲线，可以找到固定收益产品其所产生的现金流对应的点，进而通过折现率的计算，就可以清楚地判断其未来的现金流在今天的理论价格或者说价值。在实际的金融市场交易中，可以据此来判断交易对手的报价对于交易者持有的固定收益产品的预估价值的偏离程度，进而对交易的方向和交易是否盈利进行判断。

## 利率曲线的构成及其形态的影响因素

我们在上面对利率曲线概念的引入是在把现金流通过数学计算得出它的折现率的基础上进行简单的线性变换，而在实际的金融市场中，利率曲线的构成和形态受到很多因素的影响而发生变化，这就涉及对利率曲线根据不同的细分市场进行定量的选择和分析加工，是非常复杂的，要具体问题具体分析，而我们只从定性的角度来分析影响利率曲线的关键因素：起点和方向走势。

对于利率曲线的起点，可以将期限这一时间横轴不断地缩短，

金融鹏程

最终锁定期限为一天（最短的付息周期），那么其对应的折现率就是隔夜利率，所以利率曲线的起点就是隔夜利率，但是隔夜利率又是如何决定的呢？这是需要探讨和思考的一个关键问题。从美元的利率曲线和美元的固定收益市场来看，真正的隔夜利率一定是政策利率（Fed Fund Rate）。美联储通过设定一个联邦基金利率目标，并运用公开市场操作等货币政策手段，引导市场的隔夜利率维持在目标的范围内。这就是将货币政策利率转化成市场化的利率曲线原点一个传导机制和过程。

对于利率曲线的走势有众多影响因素，其中最关键的就是市场对于政策利率（Fed Fund Rate）的预期，也就是市场中对于美联储的货币政策选择的具体手段和实施时间的预期，简单来说，美联储的加息与否影响着利率曲线的前端，假定 6 月 3 日这一天的利率曲线的起点是今天的联邦基金利率的数值，而在 3 个月之后如果不加息，从定性的角度上看，3 个月之后的利率和目前的隔夜利率的数值相差不大，如果明确的预测了 3 个月之后的 9 月份会加息，实际上利率曲线会向一个陡峭的形态方向发生变化，而市场预测的加息之后的利率会成为 3 个月之后利率曲线的起点，因此，当下的政策利率的数值和市场对货币政策的预期实际上影响了利率曲线的前端形态。

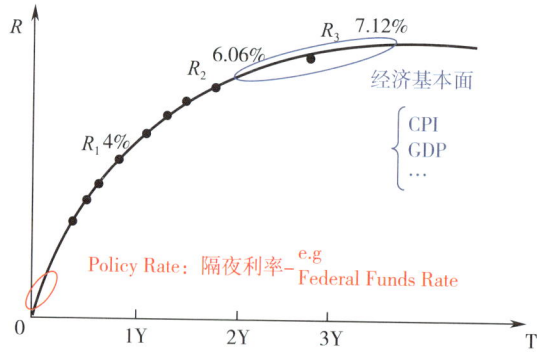

而除了利率曲线的起点和前端,还需要分析它的整体走势,像当下的政策利率的数值和市场对货币政策的预期实际上影响了利率曲线的前端形态一样,利率曲线的整体走势实际上受到了经济的基本面的影响,而经济基本面的状况可以通过GDP、CPI、就业率、通胀率、消费投资等这些数据来判断,通常来讲,经济增长快、通胀高,这个利率曲线的长端一定是向上,会偏高的。因此,利率曲线的两端实际上是由货币政策和经济基本面来决定的。但是问题的关键在于这些体现经济基本面状况的各项指标数据如何量化传导到利率曲线的具体走势和形态。能不能运用辅助工具和对具体市场认识的深入分析,将对宏观经济形势、货币政策的变化直接量化出利率曲线数值的变化,进而量化的分析交易中头寸的变化,是决定交易员在金融市场的交易中能否获利的关键。

## 到期收益率

在实际的金融市场交易中,交易双方就某一债券进行报价时会报一个利率,这个利率不是这只债券的折现率,因为债券类型的不同,付息频率的不同,单支债券未来会产生多支不同的现金流,市场中的交易员无法用这些债券未来产生的现金流对应的不同的折现率去报价,这是比较复杂和不容易直观所见的,而交易员在报价时所说的利率就是到期收益率的概念,到期收益率实际上是每一支债券产生的未来现金流所对应的一组折现率的"简化平均"表示。

从数学上来看,我们把最原始的定价公式:

$$P_x = \sum \frac{CF_i}{1+R_i}$$

其中的折现率 Ri 因为各不相同，而再日常使用过程中我们将每一个不同的 Ri 简化为一个类似于"平均值"的 Rytm，则原来多项式公式就变成了一个只有二元变量的函数公式：

$$P_x = \sum \frac{CF_i}{1+YTM}$$

到期收益率 YTM 虽然是折现率的"简化平均"表示，但是和折现率在含义理解上又完全不同，折现率是独立存在的概念，它不是某一支债券所特有的，而到期收益率却是将每一支债券背后所对应的一组折现率平均表示之后产生的代表这支债券收益率的一种独有的表现方式，也就是说每一支债券背后都有其唯一的到期收益率。

## 久期

在上面中我们讲到债券的到期收益率实际上和债券的价格是一一对应的，那么如何理解债券价格的变化与债券的到期收益率的变化之间的关系呢。这里引入久期的概念。

如果拿一个债券做例子，可以发现到期收益率和价格变化大体呈一个稍微弯曲的曲线，类似于反比例函数一样的图形。我们发现在一个比较小的范围内，到期收益率的变化和价格的变化是呈一个近乎线性关系。就是说到期收益率变化多少，乘一个比例系数，价格就变化多少。而这个线性系数实际上就是久期。

对于债券其所携带的现金流是分布在一条时间轴上的，实际上每一个现金流在时间维度上都相互独立的，无法把不同的时间点的现金流相加减。然后，久期实际上起到了把不同时间维度上的现金流降维的作用。也就是说债券本来是一个现金流的组合，一系列不同期限的折现率的序列，通过引入久期的概念，实现了降维，让一个高维的现金流组合变成了一个只含一个现金流的低维的概念。如果市场上有这样两个债券，在同样的市场的变化情况下，市场涨和市场跌，它们的财务损益是一样的。也可以理解为久期这样一个比例系数，无所谓这个系数背后所对应的现金流形式或者金融工具是什么，只要久期系数相同，同样的利率横轴的变化所产生的价格纵轴变化是一样的。因此久期是一个简单的可比项，将一个时间维度的现金流和折现率序列降维下来，相同的久期系数代表对利率变化的财务特性，或者说对市场利率的敏感度，或风险，是相同的。

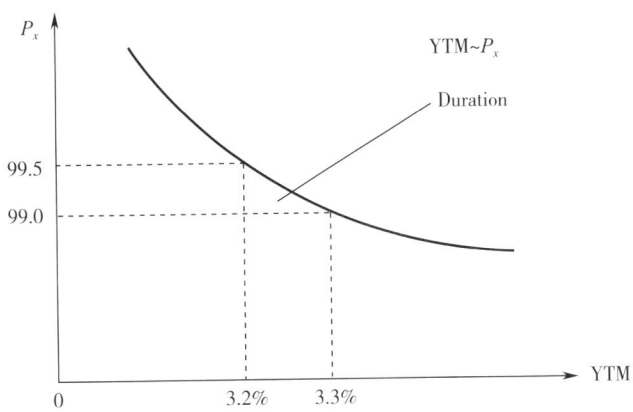

录音整理　蓝天